잘 살고 싶어서 돈 공부를 시작한 당신에게

오늘부터 1억만 모아봅시다

이초아 지음

빌리버튼

프롤로그

오늘부터 1억만 모아봅시다

　우리가 돈을 모으는 이유는 단순히 통장에 숫자를 늘리기 위해서가 아니다. 어떤 사람은 월급날이 다가오면 카드값이 먼저 떠오르고, 어떤 사람은 비상금이 부족해 불안해한다. 또 누군가는 아이 교육비나 노후가 막막해 잠 못 이루고, 누군가는 '이번 달만 버티면 다음 달엔 괜찮겠지'하며 한 달 벌어 한 달을 살아내기도 한다.

　상황은 다르지만 마음은 같다. 지금보다 조금 더 안정적으로 살고 싶고, 돈 걱정 없이 살고 싶은 것이다. 결국 우리는 모두 '돈으로부터 자유로운 삶'을 바라고 있다.

　하지만 현실은 쉽게 따라주지 않는다. 월급이 들어와도 통장은 금세 비어 있고, 가계부를 써도 남는 게 없다. 그럴 때 사람들은 말한다.

"나는 왜 돈이 안 모이지? 내가 뭘 잘못하고 있나?"

"지금도 아끼고 아껴서 사는 건데, 여기서 어떻게 더 줄여?"

"이렇게 벌고 모아서 대체 언제쯤 여유가 생길까?"

이런 생각이 든다고 해서 모든 책임을 자신에게 돌릴 필요는 없다. 단순히 '아껴 쓰는 것'만으로는 해결되지 않는 부분이 있고, 아직 '돈이 모이는 구조'를 경험해보지 못했기 때문일 수도 있다.

돈을 모으려는 의지나 수입의 크기보다 중요한 건, '돈의 흐름'을 이해하는 일이다. 돈이 들어오면 어디로 흘러가야 하는지, 어떤 순서로 보내야 하는지, 어떤 방식으로 쌓이게 해야 하는지. 이 흐름과 구조가 만들어져 있지 않으면 누구라도 돈은 새어 나갈 수밖에 없다.

이 책은 바로 그 구조를 만드는 이야기다. 월급 안에서 돈이 흘러가는 길을 만들고, 불필요한 지출을 줄이며, 저축과 소비의 균형을 삽는 방법을 담았다.

자산 정리, 수입·지출 흐름 정리, 비비 계좌 같은 시스템은 단순히 돈을 아끼는 법이 아니라, '돈이 제자리를 찾아가도록 만드는 일'이다. 이 구조가 갖춰지기 시작하면, 한정된 월급 안에서도 놀랍게 '남는 돈'이 생기기 시작한다. 돈이 쌓이고 유지되는 흐름이 눈에 보이기 시작하는 것이다.

나는 이 큰 틀을 '돈 관리 5단계 로드맵'이라고 부른다. 돈을 모으는 일은 생각보다 단순하다. 순서를 알고, 그 순서를 지키며 실천하느냐가 전부다. 이 책은 그 다섯 단계를 중심으로 '왜 모으는가'에서 시작해 '돈이 일하게 만드는 법'까지 하나의 흐름으로 안내한다.

이 책은 거창한 투자 전략서가 아니다. 대신 오늘부터 바로 실천할 수 있는 가장 '현실적인 재테크'를 담았다. 돈 관리는 복잡한 이론보다 내가 어디로 가고 싶은지 정하는 일에서부터 시작된다. 목표가 분명해지는 순간, 돈의 쓰임도 한 방향으로 모이기 시작한다.

그래서 제목을 《오늘부터 1억만 모아봅시다》라고 지었다. 여기서 말하는 '1억'은 단순한 숫자가 아니라, 내 삶에서 반드시 이루고 싶은 목표 하나를 돈의 언어로 구체화한 기준이다. 이 기준이 생기는 순간, 삶을 움직이는 방향이 달라진다.

지금 당장은 조금 멀게 느껴질 수도 있다. 그러나 그 거리감이 오히려 목표를 흔들리지 않게 만든다. '얼마를 모을까'보다 '어떤 기준으로 모을까'를 생각하게 되고, 그 기준은 우리의 소비 습관과 재정 마인드를 바꾸는 출발점이 된다.

이제, 당신의 1억을 정해보자. 그 1억은 어떤 사람에게는 전세보증금이 되고, 누군가에게는 내 집 마련의 시드머니가 된다. 또 다른 이에게는 노후를 지켜줄 든든한 버팀목이 되고, 혹은 아이의 미래이자 새로운 시작을 위한 희망이 될 수도 있다. 무엇이든 상관없다.

오늘부터, 당신의 1억을 향해 함께 걸어가자.

이초아

차례

프롤로그 오늘부터 1억만 모아봅시다 • 4

PART 1. 돈 공부 목표 세우기
우리 집 첫 1억, 이렇게 시작하자

돈 모으기는 의지가 아니라 방향이다 • 15

부자가 되는 돈 관리 5단계 로드맵 • 19

이벤트는 계획보다 예산이 먼저다 • 25

SMART하게 설계하고, 현실적으로 이뤄라 • 28

PART 2. 돈 정리하기
잘 살고 싶다면 돈의 흐름을 알아야 한다

돈 관리는 절약이 아니라 정리에서 시작된다 • 37

내 자산은 어디에 흩어져 있을까? • 40

보이지 않는 빚이 내 돈을 잡아먹는다 • 48

돈이 많아 보여도 가난할 수 있다 • 52

신용카드는 능력이 아니다 • 56

빚을 혜택으로 착각하지 말자 • 59

수입 · 지출 구조를 잡아야 돈이 쌓인다 • 65

PART 3. 돈 절약하기
아는 만큼 보이고, 보이는 만큼 모인다

고정지출 관리하기 • 81

변동지출 관리하기 • 88

돈의 감각을 되살리는 현금 중심 생활과 5주 예산 • 98

부부 싸움 없는 용돈 시스템 만들기 • 108

비정기지출 관리하기 • 115

과소비 지수로 소비 균형 집고, 소득의 다양성 키우기 • 127

부록. 고정지출의 핵심

　　　당신의 보험, 지금 점검이 필요하다 • 132

PART 4. 돈 모으기
관점을 바꾸면 푼돈이 목돈이 된다

돈이 안 모이는 진짜 이유 • 157

푼돈으로 할 수 있는 것들 • 163

푼돈을 목돈으로 바꾸는 5단계 시스템 • 170

4분면 프레임워크로 부수입 파이프라인 만들기 • 174

예금·적금만 한다고? 이것 하면 이율 2배 • 193

돈을 부르는 습관 만들기 • 207

돈을 밝히는 아이가 아닌, 돈을 다룰 줄 아는 아이로 • 225

PART 5. 돈 불리기
당신의 돈이 스스로 일하게 하라

불리기의 시작은 경제 공부다 • 237

금융위기에도 기회는 있다 • 241

경제를 읽는 두 개의 렌즈 • 246

금리와 환율, 돈의 흐름을 바꾸는 두 가지 숫자 • 250

경제적 자유보다 경제적 자립이 먼저다 · 256

나쁜 타이밍이라도 안 하는 것보단 하는 게 낫다 · 261

일하지 않고 따박따박 월급 타기 · 265

국민연금_가장 확실한 노후 월급 · 269

주택연금_집에서 나오는 두 번째 월급 · 276

연금저축펀드_세금으로 쌓는 복리의 사다리 · 280

배당주 투자_내가 쉬는 동안 일하는 돈 · 285

PART 1

돈 공부 목표 세우기

우리 집 첫 1억, 이렇게 시작하자

돈 모으기는
의지가 아니라 방향이다

월급이 비슷한데도 어떤 사람은 여유가 있고, 어떤 사람은 늘 빠듯하다. 그 차이는 의지나 노력보다, 돈을 대하는 태도와 방향에서 비롯된다. 누군가는 만 원 한 장도 목표를 향한 씨앗처럼 심어 차근차근 키워내지만, 또 다른 누군가는 '고작 만 원'이라며 쉽게 흘려보낸다. 이 작은 태도의 차이가 처음에는 잘 드러나지 않지만, 시간이 지나면 엄청난 차이를 만든다.

돈과 관련된 유명한 영국 속담이 있다.

"작은 돈을 잘 챙기면, 큰돈은 저절로 따라온다."

'작은 돈을 잘 챙기다'는 건 적은 금액이라도 흘려보내지 않고, 자산으로 연결시키는 태도를 뜻한다. 부자는 큰돈만 바라보지 않는다. 작은 돈을 불려 자산이 되는 흐름으로 바꾼다. 반대로 작은 돈을 하찮게 여기는 사람은 그만큼 기회와 가능성을 스스로 버린다. 결국 문제는 돈의 많고 적음이 아니라, 돈을 대하는 태도와 그 태도가 만들어내는 방향이다.

그렇다면 우리의 현실은 어떨까? 다들 미래가 불안하다고 말하면서도 정작 행동으로 옮기지 않는다. 이처럼 말로는 노후를 걱정하지만 실질적인 대비에 나서는 사람은 많지 않다. '한국금융연구원' 조사에 따르면 가계의 노후 준비 부족 원인 1위는 '수입 부족'이 아니라 '계획 부족'이다.

결국 불안을 알면서도 실행을 미루는 것이 가장 큰 문제다. 당장의 지출은 눈앞에 보이니 크게 느껴지지만, 미래는 늘 멀리 있는 일처럼 여겨진다. '그때 가면 방법이 있겠지'라는 막연한 생각 속에 준비를 미룬다. 그렇게 노후 준비는 책 속의 개념으로만 남고, 현실에서는 시작조차 못 한 채 불안만 더 커져 간다.

나 역시 20대 시절엔 "돈 좀 모아봐야지"라는 말만 반복했다. 월급이 들어오면 자동이체로 적금 하나, 펀드 하나를 넣었지만 몇 년이 지나도 통장 잔고는 늘 제자리였다. 결혼을 앞두고 통장을 들여다봤을 때는 답답함이 밀려왔다.

'나름 열심히 모았는데 왜 이 정도밖에 안 될까?'

강의에서 만난 수강생들이나 SNS에서 소통하는 사람들도 같은 고민을 털어놓는다.

"돈 모으려고 악착같이 아끼며 사는데, 가끔은 허무해요."

"절약은 잘하는데, 그다음이 막막해요."

"수입도 적고 대출까지 있어서… 이 상황에서 뭘 어떻게 시작해야 할지 모르겠어요."

문제는 노력 부족이 아니다. 방향이 없다는 것이 가장 큰 문제다. 어디로 가는지 모른 채 달리는 사람은 결국 제자리걸음을 할 수밖에 없다. 돈도 마찬가지다. '왜, 얼마나, 언제까지, 무엇을 위해.' 이 질문이 빠진 재테크는 잠깐은 달릴 수 있어도 오래가기는 어렵다.

왜 모으는지 이유가 분명하지 않으면 중간에 포기하기 쉽고, 얼마나 모을지 기준이 없으면 성취감을 느끼기 어렵다. 언제까지 모을지 기한이 없으면 흐지부지해지고, 무엇을 위해 모을지 목적이 없다면 모아둔 돈은 쉽게 흩어진다.

돈을 모으는 일 자체도 쉽지 않지만, 모아둔 돈을 지키고 불려가는 일은 그보다 훨씬 더 어렵다. 그래서 필요한 게 바로 '돈 관리 5단계 로드맵'이다. 로드맵이 있어야 내가 어디로 향하는지 분명히 알 수 있고, 같은 돈을 쓰더라도 결과가 완전히 달라지기 때문이다.

방향을 정했다면, 다음으로 중요한 건 언제 시작하느냐다. 재테크는 빨리 시작할수록 유리하다. 복리는 시간을 먹고 자라나는 힘이다. 같은 돈이라도 일찍 시작한 사람이 결국 더 많은 자산을 갖게 된다.

나 역시 종종 생각한다.

'그때 내가 지금의 방식을 알았더라면 얼마나 달라졌을까.'

늦게 시작할수록 따라잡기는 쉽지 않다. 그래도 걱정할 필요는 없다. 방향을 정하고 한 걸음씩 내딛는 순간부터 결과는 달라지기 시작한다. 돈은 남아서 모으는 게 아니라, 의도적으로 꾸준히 모을 때 비로소 자산이 된다.

이 책은 그런 로드맵이 필요한 독자에게 실질적인 길을 안내한다. 돈을 다루는 가장 현실적이고 효과적인 방법을 5단계로 정리했다. 차근차근 따라가며 '우리 집 첫 1억 프로젝트'를 시작해보자.

부자가 되는 돈 관리
5단계 로드맵

STEP 1. 재무 목표 세우기

가장 먼저 해야 할 일은 재무 목표를 세우는 것이다. 무슨 일이든 큰 그림을 그리고 시작하는 사람과 그렇지 않은 사람은 시간이 갈수록 결과에서 차이를 보인다. 재테크도 마찬가지다. 막연히 '돈 좀 모아야지', '여윳돈 좀 굴려봐야지'라는 생각만으로는 꾸준히 이어가기 어렵다. 목표가 있는 사람은 그렇지 않은 사람보다 돈을 모으는 속도와 성과에서 분명한 차이를 만든다.

돈 관리 5단계 로드맵

재무 목표 세우기 → 돈 정리하기 → 돈 절약하기 → 돈 모으기 → 돈 불리기 재무 목표는 내 집 마련, 결혼, 자동차 구입과 같은 큰 소비뿐 아니라 자녀 교육비, 경조사 등 가족의 중요한 이벤트까지 고려해 세워야 한다. 구체적인 목표가 있어야 길이 보이고, 작은 돈도 의미를 가진다.

가끔 금융 상담을 받은 뒤, 재무설계사나 자산관리사가 세워준 재무 목표를 그대로 따르는 사람들도 있다. 하지만 대부분은 금융 상품 가입을 유도하기 위해 평균 수치에 맞춰졌거나, 현재 자신의 상황보다 과도하게 설정된 경우가 많다. 무엇보다 스스로 고민해 세운 목표가 아니기에 오래 기억하지 못하고, 실천으로 이어지기도 어렵다. 따라서 가족과 대화하며 직접 재무 목표를 세워보는 과정이 반드시 필요하다.

휴먼 비즈니스 웍스 사장이자 전문 연설가로 유명한 크리스 브로건은 "목표는 더 많은 돈이 아닙니다. 목표는 자신의 방식대로 삶을 사는 것입니다"라고 말했다. 재무 목표를 세운다는 것은 돈 자체가 목적이 아니라, 원하는 삶을 주도적으로 설계하고 준비하는 과정임을 기억해야 한다.

STEP 2. 돈 정리하기

'돈 정리'라는 말이 낯설게 느껴질 수도 있다. 보통은 공간이나 물건을 정돈할 때 '정리'라는 단어를 쓰기 때문이다. 하지만 돈도 예외는 아니다. 정리된 공간이 마음을 편하게 해주듯, 돈도 정리되어 있어야 마음이 편해지고 앞으로 나아갈 방향이 보이기 시작한다. 어느 부분에서 절약이 필요한지, 언제부터 얼마를 모을 수 있을지를 한눈에 파악할 수 있어야 재무 목표도 달성하기 쉬워진다.

이를 위해 가장 먼저 해야 할 일은 현재 가계 상태를 파악하는 것이다. 그때 필요한 것이 바로 돈 정리다. 여기서 말하는 돈 정리란 수입, 자산, 빚, 고정지출처럼 한 번 정리해두면 매달 반복적으로 신경 쓰지 않아도 되는 항목들을 체계화하는 일이다. 이 항목들이 정리되어야 생활비를 어떻게 써야 할지 감이 잡히고, 돈을 모으는 습관도 훨씬 수월해진다. 결국 돈 정리는 '절약'과 '모으기'의 시작점이다.

STEP 3. 돈 절약하기

돈을 불리기 위한 출발점은 새는 돈을 막는 것에서 시작된다. 이는 무조건 아끼자는 뜻이 아니라, 불필요한 지출을 줄이고 우선순위를 정해 관리하는 것을 말한다. 절약은 한 번으로 끝나는 이벤트가 아니라 생활 속 습관이다. 더 번다고 해서 자산이 저절로 늘어나지 않는 이유도 여기에 있다. 수입이 늘어도 지출이 함께 커지면 자산은 결코 쌓이지 않는다.

따라서 돈을 모으기 위해서는 절약이 선행되어야 한다. 씀씀이가 커지면 돈을 모으기도 어렵고, 애써 모은 돈을 지키는 일은 더 힘들어진다.

절약은 단순한 돈 아끼기가 아니라, 지출 구조를 바로잡고 소비의 기준을 세우는 일이다. 이 습관이 자리 잡으면 자연스럽게 돈이 남는 구조가 만들어지고, 모으기의 단계로 안정적으로 넘어갈 수 있다.

STEP 4. 돈 모으기

정리와 절약을 통해 여유 자금이 생겼다면, 이제 모으는 단계로 나아갈 때다. 이 과정에서 중요한 것은 금액의 크기가 아니라 꾸준함이다. 예금·적금, 자동이체, 생활비 분리처럼 기본적인 습관만 지켜도 충분하다. 그렇게 작은 돈이 꾸준히 쌓이면, 시간이 지나 어느새 눈에 띄는 자산이 된다.

"지갑을 두껍게 만드는 첫 번째 법칙은, 버는 돈의 10분의 1을 먼저 저축하는 것이다."

조지 사무엘 클레이슨의 말처럼, 모으기에도 순서와 전략이 필요하다. 즉, 단순한 소비를 위한 저축이 아니라 자산을 불리기 위한 종잣돈을 마련해야 한다.

예를 들어, 비싼 가전제품이나 명품을 사기 위한 저축은 결국 또 다른 소비일 뿐이다. 반대로, 과도한 저축으로 생활비가 부족해 신용카드를 쓰게 된다면 그것 역시 의미가 없다. 겉으로는 저축하는 것처럼 보여도 실제로는 제자리걸음이기 때문이다.

이 단계에서 중요한 것은 현재의 삶을 유지하면서도 꾸준히 자산을 축적할 수 있는 현실적인 방법을 찾는 일이다.

STEP 5. 돈 불리기

많은 사람들이 종잣돈을 모은 뒤에도 여전히 예금·적금에만 머무는 경우가 많다. 1980~90년대에는 이 두 가지 방법만으로도 자산을 불릴 수 있었지만, 지금은 저금리와 물가 상승으로 예금·적금만으로는 돈을 지키기도, 불리기도 어렵다. 월급만 모아 부자가 되는 시대는 이미 지났다.

자본주의 사회에서 자산을 키우려면 '돈이 돈을 버는 구조'를 만들어야 한다. 근로 소득만으로는 한계가 분명하다. 실제로 부자가 된 사람들의 상당수는 투자를 통해 자산을 키웠다. 따라서 주식, 펀드, 연금, 부동산 등 나에게 맞는 투자 방식을 선택하고, 위험을 관리하면서 자본이 스스로 일하도록 설계해야 한다.

이 단계에서 중요한 것은 단순히 투자에 뛰어드는 일이 아니다. 자본주의 구조를 이해하고, 체계적으로 투자 습관을 갖추는 것이다. 투자에 부정적인 시각을 가지고 있다면 이제는 그 인식을 바꿔야 한다. 그래야 열심히 모은 자산이 멈추지 않고 꾸준히 움직이며, 단순히 쌓이는 것을 넘어 삶을 든든히 지탱하는 힘으로 성장한다.

이제 본격적으로 재무 목표를 세워보자. 그동안 왜 돈이 모이지 않았는지, 앞으로 어디를 향해 가야 할지 함께 고민해보자.

이벤트는 계획보다 예산이 먼저다

많은 사람이 부자가 되길 꿈꾼다. 경제적인 걱정 없이 하고 싶은 일을 하고, 원하는 물건을 사고, 떠나고 싶을 때 자유롭게 여행하는 삶은 누구에게나 이상적인 모습일 것이다. 나도 마찬가지다. 나뿐 아니라 우리 아이들 역시 경제적 이유로 하고 싶은 일을 포기하지 않기를 바란다. 부모라면 누구나 자녀에게 든든한 울타리가 되어주고 싶은 마음이 있기 때문이다.

그러나 이런 삶은 원한다고 해서 누구나 누릴 수 있는 것은 아니다. 우리가 사는 자본주의 사회는 결국 '돈'을 기반으로 움직이기 때문이다. 물론 돈보다 소중한 가치가 많지만, 그 가치 있는 것들을 누리기 위해서조차 일정 수준의 돈이 필요하다는 것은 부정할 수 없는 사실이다. 따라서 내가 어떤 삶을 살고 싶은

지 먼저 그려보고, 그에 필요한 돈이 얼마인지 계산해보는 일은 선택이 아닌 필수다.

그 시작은 우리 집의 현재 재무 상태를 파악하는 것이다. 다이어트를 시작할 때 체중과 건강 상태를 먼저 점검하듯, 재무 목표를 세우기 전에도 현재의 수입과 지출, 자산과 부채를 꼼꼼히 들여다봐야 한다.

예를 들어 지금의 소비 수준이 월급 안에서 유지 가능한지, 은퇴 시점을 언제로 정할지, 노후 준비는 언제부터 시작할지를 스스로 점검해봐야 한다. 재무설계사와 상담할 때도 가장 먼저 하는 일이 바로 이 과정이다.

점검을 마쳤다면 이제 앞으로의 돈 관리 방향을 정하고, 구체적인 재무 목표를 세울 차례다. 많은 사람이 목표를 1년 뒤, 3년 뒤, 5년 뒤, 10년 뒤처럼 '기간'을 기준으로 나눈다. 물론 그렇게 해도 되지만, 나는 '이벤트'를 기준으로 계획하는 방법을 더 추천한다. 인생에서 큰돈이 필요한 순간은 대부분 이벤트와 연결되어 있기 때문이다. 결혼, 출산, 자녀 교육, 주택 마련, 부모님 부양, 은퇴 등은 누구에게나 찾아오는 중요한 변화의 시점이다. 그리고 그 시점에 필요한 돈을 미리 준비하는 것이 바로 재무 목표의 핵심이다.

이때 활용하기 좋은 것이 바로 '이벤트 기반 재무 목표' 표다.

현재 부부의 나이와 자녀의 나이를 기준으로, 연도별 주요 이벤트와 목표, 필요 금액, 달성 계획을 구체적으로 작성해보는 것이다. 이렇게 표로 정리하다 보면, 우리 가정의 인생 시간표와 돈의 흐름이 자연스럽게 연결되어 있음을 체감하게 된다.

이벤트 기반 재무 목표 예시

	2026년	2029년	2032년	2036년	2039년	2060년
부부 나이	36세 34세	39세 37세	42세 40세	46세 44세	49세 47세	70세 68세
자녀 나이	7세 4세	10세 7세	13세 10세	17세 14세	20세 17세	41세 38세
목표 · 이벤트	비상금 마련	자동차 구입	내 집 마련	부모님 칠순 여행	대학 등록금 또는 자녀 독립 자금	은퇴
필요 금액	300만 원	4,000만 원	6억 원	500만 원	1,000만 원	월 300만 원
달성 계획	현재 100만 원 보유 + 연말 상여금 200만 원	현재 2,000만 원 보유 + 2025년부터 월 42만 원씩 4년 저축	청약통장 900만 원 + 전세 보증금 3억 + 잔액은 주택담보대출	2032년부터 월 10만 원씩 저축	아동수당 + 명절 용돈 + 2025년부터 월 10만 원씩 저축	국민연금 월 120만 원 + 퇴직연금 월 150만 원 + 연금 서축펀드 50만 원 (2025년부터 월 30만 원씩 저축)

SMART하게 설계하고, 현실적으로 이뤄라

'이벤트 기반 재무 목표' 표를 처음 작성할 때는 거창한 목표보다, 지금 당장 실천할 수 있는 작고 현실적인 목표부터 세우는 것이 좋다.

예를 들어 고금리 대출이 있다면 일부 상환을 목표로 삼고, 신용카드를 사용 중이라면 할부를 끊는 것부터 시작하자. 가능하면 신용카드보다는 체크카드를 쓰는 습관을 들이는 것도 좋다. 아직 비상금이 없다면 '100만 원부터 모으기'처럼 간단한 목표가 적절하다.

이런 기본적인 재무 기반이 마련되어 있어야 앞으로 생길 이벤트를 여유 있게 대비할 수 있다. 준비가 되어 있지 않다면 인생의 중요한 순간마다 빚을 내야 하는 상황이 반복될지도 모른다. 그러다 보면 삶의 우선순위가 흔들리고, 정말 하고 싶었던 일을 포기하게 될 수도 있다.

실제로 수강생들과 재무 목표 세우기 실습을 해보면, "이것만큼은 꼭 이루고 싶은 목표예요", "지금 당장은 어렵지만 언젠가 꼭 하고 싶어요"라며 표를 채우기 시작한다.

그런데 문제는 그다음 단계, 즉 달성 계획을 쓰는 지점에서 멈칫하는 경우가 많다. 하고 싶은 일과 꿈은 많지만 그걸 이루기 위한 구체적인 방법은 고민해본 적이 없었던 것이다. 그래서 목표에는 반드시 달성 계획이 함께 따라야 한다. 이때 활용할 수 있는 것이 바로 'SMART 기법'이다. SMART 기법은 효과적인 목표 설정을 돕는 다섯 가지 핵심 요소의 첫 글자를 딴 약어다.

Specific(구체적인)

목표는 막연해서는 안 된다. 단순히 '돈을 모으겠다'가 아니라, '비상금 300만 원을 모으겠다', '가족여행 자금 500만 원을 마련하겠다'처럼 구체적으로 적어야 한다.

Measurable(측정 가능한)

목표는 수치로 확인할 수 있어야 한다. 예를 들어 가족여행 자금을 모으기로 했다면, '여행 자금 500만 원', '종잣돈 1,000만 원'처럼 구체적인 금액을 설정해야 한다. 측정 가능한 목표 금액이 있어야 매달 얼마씩 저축해야 할지 계산할 수 있다.

Achievable(달성 가능한)

나는 이 항목이 가장 중요하다고 생각한다. 아무리 좋은 목표라도 현실적으로 달성할 수 없다면 의미가 없기 때문이다.

예를 들어, 여행 자금 500만 원을 1년 안에 모으려면 매달 41만 6천 원이 필요하다. 매달 일정 금액을 모으는 것이 어렵다면 월급 보너스를 전액 여행 자금으로 쓰는 방법도 있다. 이렇게 구체적인 실행 계획이 뒷받침된다면 이 목표는 충분히 달성할 수 있다. 반대로 현실적으로 달성이 어렵다면 여행지를 바꾸거나 예산을 조정해야 한다. 중요한 것은 지금 내 상황에서 실제로 가능한 목표를 세우는 것이다.

Relevant(관련성 있는)

재무 목표는 삶의 방향성과 맞닿아 있어야 한다. 예를 들어, 차를 구입할 때 새 차가 꼭 필요한가? 중고차로도 충분한가? 또는 내 집 마련이 더 시급한가? 아니면 투자 자금 확보가 우선인가? 이런 질문을 통해 우리 가정의 가치관과 우선순위를 기준으로 목표를 점검해야 한다. 따라서 재무 목표는 혼자 세우기보다

가족과 상의하며 작성하는 것이 가장 좋다. 그래야 서로의 가치관과 현실을 조율하면서 공동의 목표를 세울 수 있기 때문이다.

Time-bound(기한이 있는)

'언젠가 이루겠다'는 목표는 대개 이루어지지 않는다. 기한이 없으면 동기부여가 떨어지고, 진행 상황을 점검하기도 어렵기 때문이다. 따라서 '1년 안에 가족여행 자금 500만 원을 모으겠다'처럼 반드시 구체적인 기한을 명시해야 한다.

이렇게 SMART 기법에 따라 목표를 세우다 보면 현실적인 문제에 부딪히는 경우가 많다. 예를 들어, 부모님 환갑 여행을 자녀가 준비하기로 했다면 이 비용 역시 재무 목표에 포함해야 한다. 국내여행인지 해외여행인지, 또 해외라면 동남아인지 유럽인지에 따라 예산이 크게 달라지기 때문이다. 또한 부모님만 보내드릴 것인지, 온 가족이 함께 갈 것인지도 중요한 요소다. 단순히 경비 일부만 보태는 정도라면 재무 목표에 포함하지 않아도 된다. 하지만 전체 경비를 책임지는 계획이라면 반드시 사전에 상황을 구체적으로 가정하고 준비해야 한다. 그래야 나중에 당황하지 않는다.

나 역시 이 부분에서 많은 고민을 했다. 우리 가족은 남편의 은퇴 시점에 맞춰 유럽 여행을 계획하고 있다. 하지만 5인 가족이 유럽 여행을 떠나려면 경비뿐 아니라 아이들 학교와 학원 일정, 장거리 이동과 현지에서의 숙소 문제, 건강까지 신경 쏠 일이 한두 가지가 아니다. 그만큼 큰마음을 먹어야 가능한 일이기에 은퇴 기념 여행으로 좋을 것 같았다.

그런데 막상 재무 목표에 가족 유럽 여행을 적으려니 손이 멈칫했다. 여행 경비가 얼마나 들지, 그 돈을 어떻게 마련할지, 다른 목표들과의 우선순위는 어떻게 정할지 고민이 됐다. 계산해보니 대략 2,000만 원 정도가 필요했다. 그래서 이를 어떻게 모을지와 언제까지 확보할지를 구체적인 달성 계획으로 세웠다.

하지만 문제는 여기서 끝이 아니었다. 갚아야 할 대출이 있었기 때문이다. '대출을 먼저 갚을 것인가, 그 돈으로 여행을 갈 것인가.' 현실적인 고민 앞에서 계획은 늘 흔들린다. 게다가 남편의 은퇴 시점이 만 65세가 아닌 45세라는 비교적 이른 나이이기에 불안감도 컸다. 더구나 아이들 교육비가 점점 늘어나는 시기라, 여행보다 대출을 일부라도 상환해 고정지출을 줄이는 게 낫지 않을까 하는 생각도 들었다.

이때 깨달았다. 이루고 싶은 목표만 적는다면, 그건 버킷리스트에 불과하다. 따라서 재무 목표는 반드시 달성 계획까지 함께 따라야 한다. 실제 강의에서 수강생들과 함께 재무 목표를 작성해보면, 대부분 목표는 잘 세우지만 실행 계획에서 막힌다. 나 역시 재무 목표를 세우지 않았다면, 머릿속에 '가족 유럽 여행'이라는 꿈만 있었을 것이다. 그러다 현실적인 돈 문제가 떠오르면, '부족한 건 미래의 내가 어떻게든 하겠지' 하며 그냥 넘겨버렸을지 모른다. 하지만 재무 목표를 통해 우리 집의 상황을 점검하고, 우선순위를 고민하면서 현실적인 실행 계획을 세울 수 있었다.

지금도 우리 부부는 주기적으로 재무 목표를 다시 꺼내 확인한다. "이건 지금처럼 하면 이룰 수 있겠다", "이건 계획을 좀 조정해야 할 것 같아" 하며 우리 가족의 중요한 이벤트와 경제적인 부분에 대해 자주 대화를 나눈다.

결국 우리는 남편의 은퇴 시점에 가족 유럽 여행을 가자고 마음을 모았지만, 여전히 대출금 상환과 여행 사이에서 확실한 결정을 내리지는 못했다. 그렇다고 아무것도 하지 않고 기다릴 수는 없다. 그래서 내린 현실적인 선택은 우선 유럽 여행 경비로 예상되는 2,000만 원을 최대한 모아보자는 것이었다.

만약 여행이 어려운 상황이 된다면, 그 돈은 대출금 상환이나 다른 재무 목표로 활용할 수 있을 것이다. 반대로 계획대로 여행을 떠나게 된다면, 이미 경비가 준비된 셈이니 부담 없이 다녀올 수 있다. 이렇게 계획을 세우고 재정 상태를 점검하며 준비하는 것과 아무런 계획 없이 즉흥적으로 움직이는 것은 결과에서 큰 차이를 만든다.

또한 재무 목표를 세우다 보면 누구나 공통적으로 어려워하는 부분이 있다. 바로 먼 미래의 일을 구체적으로 그리기 어렵다는 점이다. 당장 올해나 내년까지는 하고 싶은 일을 쉽게 떠올릴 수 있다. 하지만 5년 뒤, 10년 뒤의 목표를 세우려면 막막함이 앞선다. 특히 달성 계획까지 함께 적으려 하면 손이 더 쉽게 멈춘다.

하지만 괜찮다. 지금 중요한 것은 앞으로의 1~3년이다. 가까운 미래에 대한 계획을 SMART 기법에 따라 구체적이고 현실적으로 세워두면, 그 이후의 목표도 자연스럽게 이어진다. 반대로 1~3년 안의 목표조차 정하지 못한다면, 더 먼 미래의 목표는 결국 꿈으로만 남을 가능성이 크다. 그러니 너무 먼 미래부터 고민하지 말고, 올해부터 3년 안에 이루고 싶은 일들을 먼저 떠올려 SMART하게 계획해보자.

PART 2

돈 정리하기

잘 살고 싶다면 돈의 흐름을 알아야 한다

돈 관리는 절약이 아니라 정리에서 시작된다

혹시 당신도 지금 자신의 돈이 정확히 얼마나 되는지 말하기 어려운가? 통장은 여러 개로 흩어져 있고, 카드값은 매달 빠져나가지만 정작 어디에 썼는지는 가물가물하다. 월급날이 돌아와도 대출이자와 각종 자동이체가 줄줄이 빠져나가면, 금세 통장은 '텅장'이 되기 일쑤다.

열심히 일해도 늘 빠듯한 이유는 정말로 수입이 적어서일 수도 있다. 하지만 대부분의 경우, 돈의 흐름이 제대로 정리되지 않아 그렇게 느끼는 경우가 더 많다. 결국 문제는 얼마나 버느냐가 아니라, 돈을 어떻게 정리하고 관리하느냐에 달려 있다.

대부분의 사람은 '돈 정리'라는 개념을 잘 모른 채 그저 버는 대로 쓰는 데만 집중한다. 그러다 보니 늘 돈이 모이지 않는다는 불안이 따라온다. 결국 돈 정리의 핵심은 흐름을 파악하는 것이다. 어디서 불필요한 지출을 줄이고, 어디에 집중해야 할지를 알아야 비로소 통제할 수 있다.

하지만 막상 흐름을 파악하려고 하면, 생각보다 훨씬 복잡하다는 걸 깨닫게 된다. 자산은 여러 계좌에 흩어져 있고, 부채는 종류마다 금리와 상환 방식이 다르다. 신용카드는 '혜택'이라는 이름으로 소비를 부추기고, 수입과 지출은 뒤섞여 돈이 어디로 흘러갔는지도 모른 채 사라져버린다. 이런 상태로는 아무리 절약해도 결국 다시 원점으로 돌아가기 쉽다.

반대로 한 번만 정리해두면, 그동안 보이지 않던 돈의 흐름과 전체 구조가 선명하게 드러난다. 그러면 어떤 지출을 줄이고, 어떤 빚을 먼저 갚고, 어떤 계좌와 카드를 남길지 결정하는 일이 훨씬 수월해진다.

〈Part 2. 돈 정리하기〉에서는 돈 정리의 네 가지 방법을 다룬다. 첫째, 자산·계좌 관리에서는 흩어진 돈을 한눈에 볼 수 있도록 정리한다. 둘째, 부채 관리에서는 갚아야 할 빚의 규모와 우선순위를 파악하고, 구체적인 상환 계획을 세운다. 셋째, 신용카드 관리에서는 미래의 돈을 빌려 쓰는 위험을 줄여, 지출 구조를 단순하게 만든다. 넷째, 수입·지출 흐름 관리에서는 매달 반복되는 돈의 움직임을 체계적으로 파악한다. 이 네 가지는 따로 떨어진 작업처럼 보이지만, 사실은 모두 하나의 흐름으로 연결되어 있다.

계좌가 단순해지면 자산 파악이 쉬워지고, 부채를 점검하면 상환 계획이 명확해진다. 신용카드를 없애면 불필요한 지출과 빚을 막을 수 있고, 수입과 지출의 흐름이 분명해지면 우리 집 재정 구조가 한눈에 들어온다. 이 네 가지 방법이 맞물릴 때 비로소 돈 관리의 탄탄한 토대가 마련된다.

돈 정리는 절약이나 저축 이전에 꼭 끼워야 하는 첫 단추와도 같다. 첫 단추가 잘 끼워져야 다음 과정이 수월하다. 정리되지 않은 상태에서 절약을 시도하면 작심삼일로 끝나지만, 정리된 상태라면 훨씬 오래 지속할 수 있다.

결국 돈 정리는 단순히 종이 위의 숫자를 정리하는 일이 아니라, 삶을 다시 설계하는 과정이다. 이제 돈을 정리하는 네 가지 방법을 차례대로 살펴보며, 첫 단계부터 하나씩 시작해보자.

내 자산은 어디에
흩어져 있을까?

정리란 흐트러지거나 혼란스러운 상태에 있는 것을 한데 모으거나 치워서 질서 있게 만드는 일이다. 요즘처럼 경기가 어려울 때면 "돈이 없다"는 말이 절로 나오곤 한다. 하지만 실제로는 돈이 없는 것이 아니라, 정리가 되지 않아 더 부족하게 느껴지는 경우가 많다.

일본의 머니 컨설턴트 이치이 아이는 "돈은 없는 것이 아니라 사방으로 흩어져 보이지 않는 것뿐이다"라고 말했다. 돈이 여기저기 흩어져 있으면, 눈앞에 있어도 잘 보이지 않는다. 그래서 돈을 정리해야 한다. 정리가 되어야 내 자산이 정확히 얼마나 되는지 알 수 있고, '돈 관리 5단계 로드맵' 중 절약하기, 모으기, 불리기 가운데 어디에 중점을 둘지도 판단할 수 있다.

금융자산과 비금융자산

자산은 크게 '금융자산'과 '비금융자산'으로 나눌 수 있다. 예금·적금, 채권, 주식처럼 계좌를 기반으로 한 것은 금융자산이고, 부동산, 귀금속, 골동품, 미술품처럼 실물을 기반으로 한 것은 비금융자산이다. 이 자산들을 가족 구성원별로 빠짐없이 적어보자.

비금융자산은 직접 하나하나 체크해야 하지만, 금융자산은 금융결제원이 운영하는 '계좌정보통합관리서비스'를 이용하면 한 번에 확인할 수 있다. 앱으로도 제공되며, 내 명의로 개설된 예금·적금 계좌는 물론 신용카드, 보험, 대출까지 모두 조회할 수 있다.

금융자산과 비금융자산

구분	자산 유형	예시 및 설명
금융 자산	금융형	예금·적금(가장 기본적인 안전 자산) 채권(이자를 받을 권리가 있는 투자 자산) 주식·펀드(투자 수익을 기대할 수 있는 자산) 귀금속 투자형 자산(금·은 ETF·펀드 등 시세에 연동되어 거래되는 원자재형 투자 자산)
비금융 자산	실물형	부동산(거주·투자 목적의 토지·건물) 귀금속 실물(금·은·보석 등 실물 형태로 보유하는 자산) 골동품·미술품(희소성과 가치 상승 가능성이 있는 자산) 기타 실물 자산(개인 소장품·수집품 등 가치 보존 목적의 자산)

이미 사용 중인 금융사 앱에서도 오픈뱅킹 기능을 통해 타 금융사 계좌 조회가 가능하다. 그러나 특별히 계좌정보통합관리서비스를 추천하는 이유는, 단순 조회를 넘어 휴면 계좌 해지까지 지원하기 때문이다. 게다가 자동이체 내역을 바로 확인하고, 필요할 경우 변경이나 해지도 가능해 자산을 정리할 때 더욱 유용하다.

따라서 사용하지 않는 계좌나 휴면 계좌는 과감히 정리하고, 실제로 사용하는 계좌만 남겨 자산 리스트에 기록하면 된다. 이렇게 계좌를 정리하면 돈의 흐름이 한눈에 들어오고 관리가 훨씬 쉬워진다. 무엇보다 '내가 어디에, 얼마의 돈을 두고 있는지'를 명확히 파악할 수 있다.

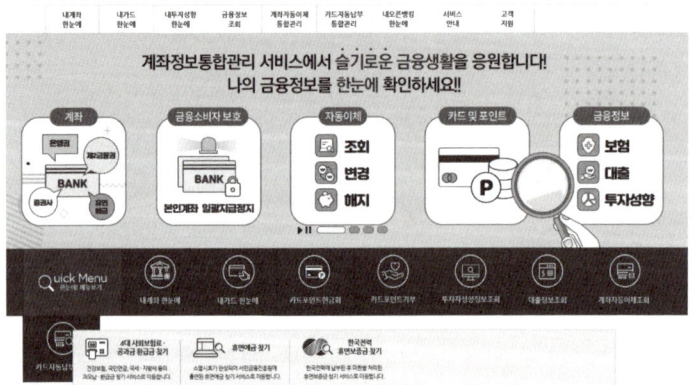

계좌정보통합관리서비스 웹사이트

자산 목록 예시

남편

	금액	은행명	월 납입액	만기일	비고
청약	600만 원	OO은행	10만 원		내 집 마련 자금
적금	120만 원	△△은행	20만 원	2027년 12월	이사 자금
예비비	500만 원	OO은행			
주식	-				

아내

	금액	은행명	월 납입액	만기일	비고
청약	300만 원	OO은행	10만 원		내 집 마련 자금
적금	240만 원	△△은행	30만 원	2026년 5월	투자 종잣돈
예비비	-				
주식	2,000만 원	OO증권			자산 증식용

공통

	금액	비고
금	150만 원	돌반지 O돈
부동산1	2억 원	거주용
부동산2	5억 원	투자용(매도 가능)
골동품	1,000만 원	가보(상속 자산)

비유동자산과 유동자산

가족 구성원별로 자산을 빠짐없이 기록했다면, 이제는 '비유동자산'과 '유동자산'으로 구분해 정리해보자.

비유동자산과 유동자산

구분	정의	예시	판단 기준
비유동자산	1년 이상 보유 예정이거나 쉽게 현금화하기 어려운 자산	청약저축(내 집 마련), 노후 자금, 장기 목적의 교육 자금, 거주용 부동산, 골동품·미술품 등	장기적으로 보유할 계획이며, 쉽게 처분할 수 없는 자산인가?
유동자산	1년 이내에 현금화할 수 있거나 언제든 인출·해지가 가능한 자산	예금·적금(단기), 비상금, 투자용 부동산, 주식·펀드, 금·은 ETF 등 귀금속 투자형 자산, 실물 귀금속(금반지·돌반지 등) 등	필요 시 즉시 현금화가 가능하거나 매도 계획이 있는 자산인가?

🔍 자산 분류는 형태(부동산·적금 등)보다 현금화 계획과 사용 시점이 더 중요하다. 일반적인 회계 기준에서는 자산의 형태를 중심으로 구분하지만, 이 책에서는 실제 현금화 가능성과 사용 계획을 기준으로 삼는다.

같은 적금이라도 단기 생활비로 사용할 계획이면 유동자산, 장기적으로 묶어둘 노후 자금이라면 비유동자산으로 분류할 수 있다. 부동산 역시 회계 기준에서는 모두 비유동자산으로 분류된다. 하지만 돈 정리에서는 실제 사용 목적과 현금화 계획에 따라 다시 나눌 수 있다. 거주용 부동산은 생활 기반이라 쉽게 현금화할 수 없으므로 비유동자산으로 두고, 투자용 부동산은 처분 계획이 있다면 유동자산으로 분류해 관리할 수 있다. 또한 금이나 돌반지처럼 필요할 때 바로 현금화할 수 있는 실물 귀금속도 유동자산에 포함된다.

비유동자산은 1년 이상 보유 예정이거나 쉽게 현금화하기 어려운 자산을 말한다. 예를 들어 내 집 마련을 위한 청약저축, 노후 자금, 장기 목적의 자녀 교육 자금, 거주용 부동산 등이 여기에 속한다.

유동자산은 1년 이내에 현금화할 계획이 있거나, 필요할 때 언제든 인출·해지가 가능한 자산을 의미한다. 예금·적금, 비상금, 주식, 투자용 부동산, 실물 귀금속 등이 포함된다. 단, 금이나 돌반지처럼 즉시 거래가 가능한 자산도 있지만, 부동산은 시장 상황에 따라 원하는 시기에 매매가 어려울 수 있다.

여기서 중요한 기준은 매매 가능 여부가 아니라, 돈이 필요할 때 기꺼이 포기할 수 있는가다. 언제든 처분할 수 있다고 판단되면 유동자산에 포함하고, 아무리 급해도 손대지 않을 자산이라면 비유동자산으로 분류하는 게 좋다. 예를 들어, 같은 주식이라도 노후 자금으로 장기 보유할 계획이라면 비유동자산, 자산을 불리는 목적으로 단기 차익을 노리고 매매할 계획이라면 유동자산으로 구분한다.

다만 여기에 기록한 자산은 나의 '순자산'이 아니다. 전체 자산에서 부채를 제외한 금액이 진짜 자산이기 때문이다. 이제 전체 자산 정리를 마쳤으니, 다음으로 부채를 정리해보자.

비유동자산

청약

	금액	은행명	월 납입액	만기일
남편 명의 청약				
아내 명의 청약				
합계				

노후 준비

	금액	은행명	월 납입액	연금 수령 시기
국민연금				
개인연금				
퇴직연금				
합계				

교육

	금액	은행명	월 납입액	목표 금액
자녀1 교육비				
자녀2 교육비				
합계				

부동산

	구입가	KB시세
실거주		
투자		
합계		

유동자산

적금

	목표	금액	은행명	월 납입액	만기일
적금1					
적금2					
적금3					
합계					

비상금

	현재 금액	목표 금액	은행명	계좌 유형
비상금1				
비상금2				
합계				

투자

	목표	투자 금액	현재가	수익률
주식				
펀드				
채권				
합계				

보이지 않는 빚이
내 돈을 잡아먹는다

　돈을 모으려는 사람들이 의외로 가장 소홀히 하는 부분이 바로 '부채'다. 대출이 없다고 생각하는 사람도 많지만, 따져보면 휴대폰 단말기 할부금, 자동차 할부금, 신용카드 할부금까지 모두 빚에 해당한다. 다만 이런 항목들은 휴대폰 요금에 함께 청구되거나 이미 내 소유물로 여겨지기 때문에 빚이라는 사실을 잘 인식하지 못한다. 왜냐하면 이런 항목에는 '대출'이라는 이름이 붙어 있지 않기 때문이다. 반면 주택담보대출, 청약담보대출, 보험약관대출처럼 이름에 대출이라는 단어가 명시된 경우에만 부채라고 생각하는 사람이 많다.

　하지만 우리가 '빚'이라고 인식하지 못하는 것들까지 합치면, 실제 규모는 훨씬 크다. 그래서 부채 정리는 자산 정리만큼이나,

아니, 어쩌면 그 이상으로 중요하다. 빚을 외면하는 순간, 돈은 절대 모이지 않는다. 자산을 쌓고 싶다면 부채 규모를 정확히 파악하고 관리하는 일이 먼저다.

정리 방법은 간단하다. 아래 표처럼 보유 중인 모든 부채를 한 장에 모아 적어보자. 부채 종류, 대출 기관, 금액, 이자율, 상환 계획, 만기일, 연체 여부 등을 꼼꼼히 기록하면 된다. 이렇게 정리하다 보면 어떤 빚을 먼저 갚아야 할지 우선순위가 명확해지고, 자동이체 날짜나 추가 상환 일정 등 현실적인 계획도 세울 수 있다.

부채 목록 예시

상환 순서	부채 종류	대출 기관	금액	이자율	상환 계획	만기일	연체 여부
1	신용카드 리볼빙	OO카드	200만 원	19.5%	매월	매월 결제	O
2	단말기 할부	OO통신사	120만 원	3~5%	월 5만 원	2026년 00월	X
3	자동차 할부	OO캐피탈	1,200만 원	5.5%	월 30만 원	2027년 00월	X
4	신용대출	OO은행	800만 원	4.8%	월 20만 원	2028년 00월	X
5	보험약관 대출	OO보험사	300만 원	4.5%	이자만 납입 중	2030년 00월	X
6	청약담보 대출	OO은행	500만 원	3.3%	월 10만 원	2030년 00월	X
7	주택담보 대출	OO은행	1,000만 원	3.0%	월 30만 원	2030년 00월	X
8	사업자 대출	OO은행	3,000만 원	2.9%	월 50만 원	2032년 00월	X
합계					7,120만 원		

부채 목록을 모두 작성했다면 이제 상환 계획을 세울 차례다. 빚을 효율적으로 줄이려면 가장 먼저 우선순위를 정해야 한다. 일반적으로 이자율이 높은 대출부터, 그리고 만기가 가까운 빚부터 갚는 것이 기본 원칙이다. 이자는 눈에 보이지 않지만 계속 새어나가는 돈이다. 높은 이자를 그대로 두면 돈이 모이는 속도가 느려지고, 불필요한 지출만 늘어난다.

그다음에는 금액이 작은 부채부터 정리하는 것이 좋다. 작은 빚을 먼저 없애면 빠르게 성취감을 느낄 수 있고, 그 동기부여로 상환을 꾸준히 이어가기 쉽다.

만약 상환을 위해 자산을 현금으로 바꿔야 한다면 '현금 → 예금 · 적금 → 주식 · 채권 → 부동산' 순으로 접근하는 것이 안전하다. 이 순서를 지키면 갑작스러운 상황에서도 손실을 최소화하면서 필요한 자금을 확보할 수 있다.

앞서 정리한 자산 목록을 참고해, 어떤 빚을 먼저 갚고 어떤 자산을 활용할지 이 기준에 따라 현실적인 상환 계획을 세워보자.

빚을 갚는 우선순위를 정하자!

부채 상환 순서 : 높은 이자 → 빠른 만기 → 작은 금액
현금화 순서 : 현금 → 예금 · 적금 → 주식 · 채권 → 부동산

현금화 계획 예시

현금화 순위	자산 종류	현금화 가능액	현금화 예상 소요 시간
1	비상금	00만 원	즉시
2	예금·적금		즉시
3	실물 귀금속		즉시
4	주식		2~3일
5	채권		3~5일
6	자동차		2주~1개월
7	부동산		3개월~6개월 이상
합계			

돈이 많아 보여도 가난할 수 있다

자산과 부채 정리가 끝났다면, 이제 진짜 내 '순자산'을 계산할 차례다. 부채가 없다면 전체 자산이 곧 순자산이지만, 반대로 부채가 많다면 겉보기엔 자산이 많아 보여도 실제로는 얼마 되지 않을 수도 있다.

그래서 전체 자산 금액만 보고 '이 정도면 괜찮지 않을까?' 하고 안심하는 것은 위험하다. 돈이 많다고 느끼는 순간, 소비를 늘려도 된다는 착각이 함께 찾아오기 때문이다.

순자산은 단순한 숫자가 아니라 지금의 재정 상태를 객관적으로 보여주는 지표다. 순자산을 계산한다는 건, 내가 가진 돈과 갚아야 할 돈의 관계를 명확히 들여다보는 일이다.

'집이 있으니까 괜찮다', '적금이 있으니까 안전하다'는 말도 그 안에 포함된 대출과 부채를 함께 봐야만 비로소 의미가 있다. 결국 재정의 현실을 직시하려면 직접 계산해보는 과정이 꼭 필요하다.

여기서 한 걸음 더 나아가, 순자산의 구성도 함께 살펴봐야 한다. 순자산이 크다고 해서 모두 같은 의미는 아니다. 예를 들어, 대부분이 부동산이나 장기 투자처럼 당장 현금화하기 어려운 자산이라면 실제로는 돈이 묶여 있는 상태일 수 있다. 반대로, 순자산이 조금 적더라도 비상금이나 예금처럼 언제든 활용할 수 있는 자산이 많다면 훨씬 탄탄한 재정 상태다.

이렇게 보면, 단순히 자산에서 부채를 뺀 금액만으로는 재정 상태를 정확히 알 수 없다. 그 안에 어떤 자산이 포함되어 있는가, 즉 자산의 구성과 쓰임이 훨씬 더 중요하다. 결국 핵심은 '얼마냐'가 아니라, '어떤 자산으로 이뤄져 있느냐'다.

순자산을 처음 계산해보면 다소 충격을 받을 수도 있다. 생각보다 내 돈이 많지 않다는 사실을 깨닫게 되기 때문이다. 하지만 그 숫자에 좌절할 필요는 없다. 중요한 건 금액이 아니라 구성이기 때문이다.

자산 중 현금처럼 바로 쓸 수 있는 비율이 얼마나 되는지, 부채 중 이자율이 높은 항목이 얼마나 차지하는지를 살펴보면 재정의 강점과 약점이 자연스럽게 드러난다.

자산이 많더라도 대부분 부동산에 묶여 있다면 유동성이 낮은 상태고, 반대로 부채가 많더라도 고이율 부채부터 조금씩 줄여가고 있다면 그 재정은 점점 단단해지는 중이다. 결국 순자산 계산은 단순한 결산이 아니라, 돈의 흐름을 점검하고 재정 상태를 꾸준히 관리하는 과정이다.

순자산을 키우는 가장 빠른 방법은 돈을 더 버는 것이 아니라, 이미 있는 돈을 지키는 것이다. 새는 돈을 막고 이자 지출을 줄이며, 자산을 효율적으로 운용하면 순자산은 자연스럽게 늘어난다. 결국 돈을 모으는 일은 관리의 문제다. 돈을 버는 것보다 관리하는 것이 더 어렵지만, 관리만 되기 시작하면 그때부터는 돈이 나를 위해 일하기 시작한다.

매달 한 번, 자산과 부채를 기록해 순자산을 업데이트해보자. 지난달보다 단 10만 원이라도 늘었다면, 그것은 분명한 성장이다. 돈은 꾸준함의 싸움이다. 하루아침에 1억이 만들어지는 게 아니라, 매달 조금씩 쌓이는 순자산이 내 재정의 기초를 만든다.

한 가지 기억해야 할 점이 있다. 이 책에서는 재무 목표를 세우고 난 뒤에 돈을 정리하는 순서로 설명하고 있지만, 실제로는 이 두 과정이 서로 맞물려 돌아간다. 재무 목표를 제대로 세우려면 현재의 재무 상태를 정확히 알아야 하고, 현재를 파악하려면 돈 정리가 필수이기 때문이다.

따라서 〈Part 2. 돈 정리하기〉를 다 읽고 나면, 앞서 작성한 재무 목표를 다시 꺼내보자. 부채 상환 계획이 포함되어 있는지, 혹은 부채를 고려하지 않은 채 이상적인 목표만 세운 것은 아닌지 점검해보자. 필요하다면 얼마든지 수정해도 괜찮다. 중요한 것은 완벽한 계획이 아니라, 현실을 기반으로 한 유연한 계획이다.

순자산 계산법

순자산 = 총자산 - 총부채

'순자산'은 말 그대로 내가 가진 자산에서 빚을 뺀 금액, 즉 진짜 내 돈을 의미한다. 예를 들어, 보유 자산이 5,000만 원이고 부채가 2,000만 원이라면 순자산은 3,000만 원이다. 겉으로 드러나는 자산보다 순자산이 중요한 이유는 이 숫자가 현재 재정 상태를 가장 객관적으로 보여주는 기준이기 때문이다.

신용카드는 능력이 아니다

여러 종류의 부채 중에서도 신용카드는 반드시 짚고 넘어가야 한다. 카드 사용이 일상화된 요즘, 부채의 상당수가 사실상 무심코 쓴 카드값에서 비롯되기 때문이다.

신용카드 없이 월급만으로 생활하려면 강한 의지가 필요하다. 하지만 사람은 누구나 쉽게 흔들린다. 그래서 작심삼일로 끝나는 결심보다 더 중요한 건 환경이다. 의지가 약하다고 자책하기보다 '월급 안에서만 생활할 수 있는 구조'를 만들어야 한다.

그래서 돈을 모으고 싶다면 신용카드를 없애는 것이 좋다. 처음 신용카드를 만들었을 때를 떠올려보자. 청년을 대상으로 강의할 때 왜 신용카드를 만들었냐고 물어보니, 꼭 필요해서라기보다 한번 써보고 싶어서였다고 대답하는 경우가 있었다. 사회

생활을 시작하며 돈을 벌게 되니, 마치 성인이 된 증표처럼 카드를 발급받았던 것이다. 하지만 그 편리함은 소비의 속도를 높이고 통제력을 서서히 약화시켰다.

나 역시 사회인이 되었다는 뿌듯한 마음에 첫 신용카드를 만들었다. 그때는 그것이 얼마나 위험한 선택인지 미처 몰랐다. 문제는 그다음부터였다. 분명 돈을 썼는데 내 계좌의 잔액은 그대로였다. 마치 돈을 쓰지 않은 것처럼 느껴졌고, 아직 월급이 많이 남아 있으니 '이번 달에는 꽤 절약했네' 하는 착각까지 들었다. 그렇게 한두 번 반복되자, 월급날이 와도 전부 카드값으로 빠져나가 남는 돈이 없었다. 어느새 신용카드 없이는 한 달도 버티기 어려운 악순환에 빠져 있었다.

신용카드는 한 달을 앞당겨 사용하는 것, 즉 미래의 돈을 빌려 쓰는 빚이다. 나도 처음엔 신용카드가 능력이라고 생각했다. 하지만 지금 돌이켜보면 그건 착각이었다. 그 사실을 미리 알았다면, 아마 신용카드를 만들지 않았을 것이다.

돈 공부를 해보니, 진짜 부자는 빚으로 소비하지 않는 사람이었다. 미래의 돈이 아닌, 지금 당장 쓸 수 있는 현금을 많이 가진 사람이 진짜 부자다. 소비를 위한 빚은 결코 능력이 될 수 없다. 혹시 나처럼 신용카드를 '능력'이라 착각하고 있었다면, 없앨 수 있을 때, 그리고 사용 금액이 감당 가능한 수준일 때 하루라도 빨리 정리하길 권한다.

　간혹 할인 혜택이나 연말정산 소득공제 때문에 신용카드를 유지한다는 사람도 있다. 그러나 그 혜택을 꼼꼼히 따져보면 생각보다 크지 않다. 대부분의 카드 혜택에는 전월 실적 조건이 붙고, 그마저도 할인 한도와 횟수 제한이 있다. 더 많은 혜택을 받으려면 연회비가 높아지고, 전월 실적 기준도 70만 원, 100만 원 이상으로 올라간다. 결국 혜택을 받기 위해 안 써도 될 돈까지 쓰게 되는 아이러니한 상황이 발생하는 것이다.

　요즘은 체크카드나 지역카드 혜택도 다양하고 실속 있다. 굳이 신용카드를 고집할 이유는 없다. 신용카드는 무조건 혜택이 좋다는 고정관념을 버리고, 자신의 소비 패턴에 맞는 카드로 실속까지 알뜰하게 챙겨보자.

빚을 혜택으로 착각하지 말자

신용카드는 총급여액의 25%를 초과해 사용한 금액부터 소득공제가 가능하며, 공제율은 15%다. 다만 총급여가 1,500만 원 미만인 경우에는 공제율이 20%로 높아진다. 또한 공제 한도는 연간 250만 원이며, 총급여액이 7,000만 원 이하인 경우에는 300만 원으로 늘어난다.

예를 들어 연봉이 4,800만 원이라면 이 금액의 25%는 1,200만 원이다. 즉, 1,200만 원까지는 공제가 되지 않고, 그 이상 사용한 금액부터 공제가 적용된다.

다시 말해 신용카드로 매월 100만 원씩 1년간 총 1,200만 원을 써도 공제를 받을 수 없으며, 그보다 더 사용해야 그때부터 소득공제 혜택이 적용된다.

그렇다면 공제를 받기 위해 매월 100만 원(연 1,200만 원)을 추가로 지출했다고 가정해보자. 이 경우 연간 총 사용액은 2,400만 원이다. 이 중 1,200만 원까지는 공제가 되지 않고, 초과 사용분 1,200만 원에 공제율 15%를 적용하면 180만 원의 소득공제를 받을 수 있다.

다만, 소득공제는 세금 계산 시 과세표준에서 차감되는 금액일 뿐 180만 원을 그대로 돌려받는 것은 아니다. 여기에 소득세율 15%(연봉 5,000만 원 이하 기준)를 다시 적용하면, 실제 줄어드는 세금은 약 27만 원 정도다.

종합소득세 세율

과세표준 구간	세율	누진공제
1,400만 원 이하	6%	–
1,400만 원 초과 ~ 5,000만 원 이하	15%	126만 원
5,000만 원 초과 ~ 8,800만 원 이하	24%	576만 원
8,800만 원 초과 ~ 1억 5,000만 원 이하	35%	1,544만 원
1억 5,000만 원 초과 ~ 3억 원 이하	38%	1,994만 원
3억 원 초과 ~ 5억 원 이하	40%	2,594만 원
5억 원 초과 ~ 10억 원 이하	42%	3,594만 원
10억 원 초과	45%	6,594만 원

출처 : 국세청(2025)

결국 월급의 절반인 200만 원 이상을 꾸준히 신용카드로 써야만 약 27만 원의 세금이 줄어든다. 이를 월 단위로 나누면 약 2만 2,500원이다. 즉, 월 2만 원 남짓을 아끼겠다고 월급의 절반을 카드로 소비하는 셈이다. 더구나 이런 소비는 대부분 혜택을 채우기 위한 지출이다. 결국 혜택을 맞추려다 불필요한 지출이 늘어나고, 계획에도 없던 돈이 새어나간다. 정말 한 달 예산을 앞당겨 쓸 만큼 신용카드와 연말정산 소득공제 혜택이 만족스러운가?

반면 체크카드나 현금영수증은 소득공제율이 30%로 신용카드(15%)보다 공제 혜택이 크다. 같은 돈을 쓰더라도 '한 달 앞당겨 쓰느냐'와 '지금 가진 돈으로 쓰느냐'의 차이로 공제율이 2배나 달라진다.

물론 마음은 당장 카드를 없애고 싶어도 현실적으로 신용카드를 써야 하는 경우도 있을 것이다. 이럴 때는 '선결제 기능'을 적극 활용해보자. 선결제는 결제일 전에 카드 대금을 미리 지불하는 방식이다. 이 기능을 이용하면 카드 사용에 대한 경각심이 커지고, 결제 내역을 자주 확인하게 되어 자연스럽게 절약 효과도 생긴다. 체크카드처럼 쓰면서도 신용카드의 혜택을 누릴 수 있어, 현금 사용 비중을 점진적으로 늘려가는 데 도움이 된다.

신용카드 사용 비중을 어느 정도 줄였다면, 이제는 고정지출만 신용카드로 납부하고 나머지는 체크카드나 현금으로 관리해 보자. 신용카드 비중을 줄이는 과정도 일종의 훈련이다. 그 과정이 익숙해지면 필요하지 않은 카드는 과감히 해지하자. 혜택보다 중요한 건 결국 내 월급을 지키는 일이기 때문이다.

실제로 우리 집은 예비용 신용카드 한 장만 남기고 모두 해지했다. 어쩌다 카드를 사용하더라도 결제일을 기다리지 않고 선결제 기능을 이용한다. 그리고 할부는 절대 하지 않는다.

참고로 신용카드 할부를 자주 이용하는 것은 신용 점수 관리에도 도움이 되지 않는다. 할부는 갚아야 할 '부채'로 인식되기 때문에, 사용 빈도가 잦을수록 부채 규모가 크고 연체 위험이 높은 사람으로 평가받는다. 어쩔 수 없이 신용카드를 써야 한다면 할부 대신 일시불로 결제하는 습관을 들이자. 가장 단순하면서도 확실한 신용 관리법이다.

또한 어떤 상황에서도 현금서비스, 카드론, 리볼빙 같은 고금리 대출은 절대 이용하지 말자. 이미 쓰고 있다면 가장 먼저 상

세금 계산 시 이 두 가지는 꼭 기억하자!

과세표준 : 총급여액에서 각종 공제(근로소득공제, 인적공제, 보험료 등)를 차감한 뒤 실제 세액을 계산할 때 기준이 되는 금액이다.

누진공제액 : 소득이 많을수록 세율이 급격히 오르지 않도록, 세액 계산 시 일정 금액을 차감해 세 부담을 완화하는 장치다.

환해야 할 1순위 부채다. '소액인데 뭐 어때', '신용등급 조금 떨어져도 괜찮겠지', '잠깐만 돌려막으면 되겠지' 같은 가벼운 생각이 결국 신용 불량으로 이어질 수 있다.

이런 단기 고금리 서비스는 한 번 이용하면 기록이 남아, 앞으로 꼭 필요한 대출을 받을 때 불리하게 작용할 수 있다. 예를 들어, 과거 카드론 이용 이력 때문에 담보대출처럼 상대적으로 금리가 낮은 상품조차 더 높은 금리로밖에 받을 수 없는 경우가 생긴다.

'금융감독원' 역시 이러한 서비스를 신용 점수에 부정적인 영향을 주는 대표 사례로 꾸준히 안내하고 있다. 따라서 카드론이나 리볼빙을 이용 중이라면, 무엇보다 이 부채부터 갚는 것이 진짜 돈 관리의 시작이다.

이 모든 요소를 고려하면서 신용카드를 잘 사용하는 일은 생각보다 어렵다. 특히 재테크 개념이 아직 자리 잡지 않은 상태라면 더욱 그렇다. 카드 혜택을 따지고, 실적을 채우고, 지출을 통제하며, 연말정산까지 계산하는 과정은 애초에 '돈을 아끼겠다'는 취지와는 점점 멀어지기 쉽다. 그래서 나는 차라리 신용카드를 없애고, 현금 중심으로 생활하는 편이 훨씬 쉽고 안전하다고 말하고 싶다.

신용카드는 '돈 관리 5단계 로드맵' 중 절약하기 단계로 넘어가기 전, 반드시 짚고 넘어가야 할 돈 관리의 관문이다. 월급을 온전히 누리고 싶다면, 다음 달 카드값 걱정 없이 살고 싶다면, 빚을 '0'으로 만들겠다고 결심했다면 이번만큼은 꼭 해내자. 흔들릴 땐 신용카드를 잘라내고, SNS에 인증샷을 올리는 모습을 상상해도 좋다. 그건 단순한 인증이 아니다. 이전의 소비 습관과 결별하고, 내 월급을 되찾겠다는 작은 선언이기도 하다.

신용카드를 쓴다고 해서 반드시 문제가 생기는 것은 아니다. 하지만 많은 부채가 신용카드에서 시작되는 것도 사실이다. 작은 플라스틱 한 장이 내 통장을 마이너스로 만들 수 있다는 걸 잊지 말자. 카드를 줄이는 순간, 비로소 월급이 '내 돈'이 된다.

신용카드의 숨은 고금리 함정!

현금 서비스 : 신용카드 한도 내에서 현금을 인출하거나 계좌로 송금받을 수 있는 단기 대출 서비스다. 공식 명칭은 '단기카드대출'이며, 사용 기간은 보통 1~2개월 이내다. 금리는 연 15~19.9% 수준으로, 짧은 기간만 사용해도 이자 부담이 크다.

카드론 : 신용카드사가 취급하는 장기 신용대출로 '장기카드대출'이라고도 한다. 신용도와 거래 기간 등에 따라 다르지만, 일반적으로 연 6~19.9% 수준의 고금리가 적용되어 주의가 필요하다.

리볼빙 : 신용카드 결제 금액 중 일부만 결제하고, 나머지 금액은 다음 달로 이월하는 제도다. 공식 명칭은 '일부결제금액이월약정'이며, 결제 비율은 10~100% 범위에서 선택할 수 있다. 일반적으로 연 5~19.9% 수준의 금리가 적용되며, 이자 부담이 매우 크다.

수입·지출 구조를 잡아야
돈이 쌓인다

자산을 정리하고, 부채를 점검하고, 신용카드까지 모두 살펴봤다면 이제 해야 할 일은 하나다. 정리된 돈이 제자리를 찾아 흘러가도록 '흐름'을 만드는 일이다. 그래서 이 단계는 돈 정리의 시작이 아니라 완성 단계에 가깝다.

월급은 그대로인데 물가는 오르고, 예금이나 적금만으로는 불어난 물가를 따라잡기 어렵다. 열심히 일해도 통장은 늘 빠듯하다. 이럴 때일수록 중요한 건 얼마나 버느냐가 아니라, 그 돈이 어디로 흘러가는지를 아는 것이다.

많은 사람이 "왜 이렇게 빠듯하지?"라고 묻지만 문제의 핵심은 단순하다. 돈의 흐름을 제대로 보지 못하기 때문이다. 들어오는 돈의 크기보다 그 돈이 어디로 새고 있는지를 알아야 통장이

마르지 않는다. 수입과 지출의 구조를 파악하는 순간, 비로소 돈이 쌓이기 시작한다.

이럴 때 필요한 것이 바로 '수입·지출 흐름표'다. 흔히 '현금흐름표'나 '가계수지표'라고도 불리는데, 이는 단순한 가계부와는 다른 개념이다. 가계부가 하루하루의 지출을 기록하는 것이라면, 수입·지출 흐름표는 돈의 전체 움직임을 구조적으로 보여주는 지도다. 즉, 수입·지출 흐름표는 돈의 흐름을 한눈에 파악하게 하는 동시에, 돈이 스스로 움직이게 만드는 생활 속 시스템 설계도다.

이 흐름을 그려보는 것만으로도 우리 집의 재정 구조가 한눈에 들어온다. 월급이 들어와 어떤 계좌로 이동하고 어떤 순서로 빠져나가는지를 시각적으로 이해하면, 새는 돈을 막고 계획된 소비와 저축이 가능해진다. 이제 흘러가는 돈을 붙잡아보자. 흐름을 그리는 순간, 돈은 비로소 방향을 갖게 된다.

① 수입 흐름 정리하기

수입은 모든 흐름의 출발점이다. 따라서 가장 먼저 해야 할 일은 우리 집의 모든 수입원을 정리하는 것이다. 월급, 사업소득, 프리랜서 수입, 아동수당, 양육수당, 정부 바우처 등 매달 정기적으로 들어오는 돈이 있다면 빠짐없이 기록한다.

이때 중요한 것은 '금액'이 아니라 '입금일'이다. 예를 들어 남편의 월급은 매월 10일, 아내의 월급은 15일, 아동수당은 25일처럼 각 수입원이 언제 들어오는지를 날짜별로 정리해보자. 입금일이 정리되어야 이후 자금 흐름도 계획할 수 있다.

돈을 잘 관리하고 싶다면 수입일은 가능한 한 규칙적으로 만드는 것이 좋다. 수입이 제각각 다른 날에 들어오면 계획을 세우기 어렵고, 자금 흐름도 계속 뒤틀리기 때문이다. 따라서 조정 가능한 수입일이 있다면 한 날짜로 통일해보자. 만약 자영업자나 프리랜서처럼 수입이 불규칙하다면, 스스로 기준일을 정해 한 달 치 수입을 모은 뒤 한꺼번에 정리하는 방식이 효과적이다. 이 날짜가 바로 나의 월급일이자 자금 흐름의 기준점이 된다.

우리 집의 경우 남편은 매월 10일에 월급이 들어오지만, 나는 자영업자이자 프리랜서라 소득도, 입금일도 제각각이다. 그래서 전월 10일부터 당월 9일까지 들어온 수입을 모두 사업자 통장에 모아뒀다가, 남편 월급일인 10일을 기준일로 삼아 내 소득도 정산해 메인 계좌로 옮긴다. 이렇게 하면 불규칙한 수입도 규칙적인 흐름으로 만들 수 있고, 한 달 평균 수입을 계산하기도 쉽다. 수입이 많은 달과 적은 달의 차이를 한눈에 볼 수 있어, 장기적인 자산 계획을 세우는 데도 큰 도움이 된다.

월급 통장 0원 플랜

① 수입 흐름 정리하기
근로·사업소득, 아동·양육수당, 이자·배당금 등 정기적·비정기적으로 들어오는 모든 수입의 흐름을 한눈에 정리한다.
언제, 어디서 들어오는 돈인지 구조를 파악해야 이후 지출 흐름까지 연결할 수 있다.

↓

② 메인 계좌로 통합하기
모든 수입은 메인 계좌로 들어오게 한다.
이 계좌가 돈의 출발점이 된다.

↓

③ 메인 계좌에서 세 방향으로 나눠 관리하기
월급일이나 기준일에 맞춰, 메인 계좌에서
돈을 세 방향으로 나눠 관리한다.

- 저축 및 고정지출 : 보험료, 공과금, 교육비, 저축 등은 자동이체로 처리
- 개별 계좌 : 용돈, 생활비, 투자금 등 사용 목적에 따라 필요한 금액만 개별 계좌로 이체
- 비비 계좌 : 모든 이체를 마친 후, 메인 계좌에 남은 금액은 비비 계좌(비상금·비정기지출용)로 옮겨 월급 통장을 '0원'으로 정리

Q 핵심은 '돈의 흐름을 고정하는 것'이다. 한 번 구조를 만들어두면, 수입이 들어올 때마다 지출과 저축이 자동으로 정리되어 매달 돈 관리가 훨씬 단순해진다.

② 메인 계좌로 통합하기

수입이 들어왔다면 이제 그 돈이 어디로, 어떻게 흘러가는지를 한눈에 파악할 수 있어야 한다. 그 중심에 있는 것이 바로 '메인 계좌'다. 메인 계좌는 자금이 모였다가 다시 흩어지는 중심 계좌다. 쉽게 말해, 모든 수입이 이 메인 계좌에 모이고 그곳에서 생활비, 저축, 용돈 계좌 등으로 다시 분배되는 흐름이 만들어지는 것이다.

메인 계좌는 부부가 함께 정하면 된다. 맞벌이 부부라면 월급이 많거나, 규칙적인 월급이 들어오는 계좌를 메인으로 설정해도 좋다. 혹은 월급 계좌와 별도로 아예 새로운 계좌를 만들어 관리하는 방법도 있다.

중요한 것은 모든 수입이 분산되지 않고 한 계좌로 모이게 하는 것이다. 수입이 여러 곳으로 흩어지면 전체 흐름을 파악하기 어렵고 관리도 복잡해진다. 따라서 돈이 들어오고 나가는 메인 계좌를 하나로 정해두는 것만으로도, 매달 돈의 흐름이 훨씬 단순해진다.

③ 메인 계좌에서 세 방향으로 나눠 관리하기

메인 계좌는 돈이 모이는 곳이자, 돈의 흐름을 세 방향으로 나누는 출발점이다. 수입이 들어오면 이 계좌에서 고정지출, 개별 계좌, 비비 계좌로 한 번에 나눠 관리할 수 있도록 구조를 만들어야 한다.

　이 단계의 핵심은 '돈의 흐름을 고정하는 것'이다. 한 번 구조를 만들어두면, 수입이 들어올 때마다 지출과 저축이 자동으로 정리되어 매달 돈 관리가 훨씬 단순해진다.

　즉, 돈이 들어올 때마다 어디에 얼마를 써야 할지 고민하는 것이 아니라, 이미 만들어둔 구조 안에서 돈이 제자리를 찾아 흘러가게 만드는 것이다. 이 흐름이 자리 잡으면 지출은 안정되고 저축은 꾸준히 이어진다. 자연스럽게 돈이 새는 틈도 줄어든다.

　이제부터 세 방향을 어떻게 관리할지 살펴보자.

- **저축 및 고정지출**

　수입이 들어오면 가장 먼저 해야 할 일은 매달 반드시 나가는 고정지출과 저축 항목을 자동화하는 것이다. 이 단계에서 기본 틀을 세워두면, 나머지 유동적인 지출은 그 안에서 조절할 수 있다.

　이때 추천하는 방법은 월급일(또는 기준일)로부터 5일 이내에 메인 계좌에서 모든 고정지출, 저축, 적립식 투자금이 자동이체 되도록 미리 설정하는 것이다. 이렇게 하면 매달 신경 쓰지 않아도 정해진 날짜에 빠짐없이 납부할 수 있고, 남으면 저축하는 방식이 아니라 먼저 저축하고 남은 돈으로 지출하는 '선저축 후지출' 구조가 자연스럽게 만들어진다.

고정지출에는 보험료, 공과금, 대출 상환금, 통신비 등이 포함된다. 저축 항목에는 적립식 펀드나 여행 적금처럼 매달 자동이체로 빠져나가는 상품들이 해당된다. 아래 표처럼 각 항목의 금액, 결제일, 결제 수단을 한눈에 볼 수 있도록 정리해보자.

이 표를 작성해보면, 대부분 결제일과 결제 수단이 지나치게 제각각이라는 사실을 알게 된다. 그 결과 입출금 시기를 놓치거나 한 달 예산을 세우기 어려워지고, 결국 가계부를 쓰는 일마저 버거워진다.

결제일 정리 예시

내용	금액	결제일	결제 수단	비고
보험료	OOO원	10일	A카드	자동이체
아파트 관리비				
아이 학원비				
통신비				
후원금				
OTT 구독료	OOO원	10일	B카드	정기 결제
마트 회비				
적립식 펀드	OOO원	10일	현금	자동이체
여행 적금				

첫 책《하나를 비우니 모든 게 달라졌다》에서도 말했듯, "통장·카드·가계부에도 미니멀이 필요하다."

물건을 줄이면 관리가 쉬워지듯 계좌, 카드, 지출 구조도 단순해질수록 관리가 편해진다. 따라서 결제일이 여러 개라면 월급일(또는 기준일로부터) 5일 이내로 통일하고, 결제 수단도 가능하면 하나의 카드로 합치는 것이 좋다. 이렇게 하면 전월 실적 관리가 간단해지고, 가계부 작성도 단순해져 돈 관리가 훨씬 수월해진다.

또한 결제일을 정리하면서 자주 사용하지 않는 고정지출이 있다면 이번 기회에 해지하자. 고민된다면 자동이체나 정기 결제를 잠시 중단하고, 결제일에 직접 납부하면서 정말 필요한 지출인지 점검해보는 것도 좋은 방법이다. 자동이체와 정기 결제는 편리하지만, 신경 쓰지 않아도 자동으로 돈이 빠져나간다는 이유로 불필요한 지출을 계속 유지하게 만드는 대표적인 구조다.

- **개별 계좌**

메인 계좌에서 저축과 고정지출이 자동이체로 빠져나갔다면, 이제 남은 돈으로 생활하면 된다. 이때 가장 효과적인 관리법이 흔히 '통장 쪼개기'라고 불리는 방식이다. 이 책에서는 이를 '목적별 계좌 관리'라고 부르려 한다. 단순히 계좌를 여러 개 만든다는 의미가 아니라, 돈의 쓰임새를 목적별로 구분해 관리하는 방법이다.

계좌를 목적별로 나누면, 그동안 보이지 않던 흐름이 드러나고 불필요한 지출을 통제할 수 있다. 가계부 작성은 간단해지고, 계획한 저축도 흔들림 없이 이어진다.

미혼이거나 1인 가구라면 계좌 하나로도 충분히 관리할 수 있다. 하지만 결혼한 가정이라면 반드시 '생활비 계좌'를 별도로 만드는 것을 추천한다. 결혼 후에는 생활비 외에도 경조사비, 명절비, 부모님 용돈, 조카 용돈, 가전·가구 구입비 등 지출 항목이 급격히 늘어나기 때문이다.

이런 지출이 모두 한 계좌에서 이루어지면 관리가 복잡해지고, 시간이 지나면 어디에 얼마를 썼는지조차 알기 어려워진다. 나와 배우자의 지출이 뒤섞이면서 돈 관리가 제대로 되지 않는 문제도 생긴다. 최악의 경우 잔액을 고려하지 않은 채 '너도 쓰니까 나도 쓴다'는 심리로 부부 모두의 소비가 커질 위험도 있다.

생활비 계좌를 따로 만들지 않고 부부가 각자 돈 관리를 해도 비슷한 문제가 생긴다. 서로의 소비 내역을 공유하지 않기 때문에 한 달 생활비 규모를 정확히 파악하기 어렵다. 게다가 각자 돈을 관리하면 쏨쏨이가 자유로워지는 만큼 생각보다 훨씬 많은 돈을 쓸 가능성이 높아진다. 이는 부부가 함께 자산을 늘려가는 데에도 걸림돌이 된다.

따라서 공동의 생활비 계좌를 만들어 식비, 생활용품비, 교통·유류비, 병원·의료비 등 생활비 목적의 예산만큼을 미리 이체해두자. 그리고 생활비는 이 계좌에 연결된 체크카드로만 사용한다. 가계부를 쓸 때도 이 계좌만 확인하면 되기 때문에 훨씬 간편하고, 부부가 함께 소비 흐름을 점검하기에도 쉽다.

또 하나 추천하고 싶은 계좌는 '부부 용돈 계좌'다. 아무리 절약을 잘하더라도 가끔은 자유롭게 쓰고 싶을 때가 있다. 친구들과 식사하거나, 혼자만의 시간이 생겨 카페에 들르기도 하고, 마음에 드는 옷을 한 벌 살 수도 있다. 그런데 이때마다 생활비 계좌에서 소비를 하게 되면 생활비 계산이 꼬이기 쉽다. 그리고 내가 쓴 건지, 배우자가 쓴 건지 헷갈려 가계부 작성도 어려워지고, 때로는 서로의 소비에 대한 불만으로 이어질 수도 있다.

예를 들어, 나는 생활비를 아끼기 위해 외식을 줄이고 집밥을 하려고 노력하는데, 배우자가 상의도 없이 30만 원이 넘는 옷을 산다면 어떨까? 당연히 불만이 생기고 화가 날 것이다. 이럴 때 필요한 것이 바로 부부 용돈 계좌다. 각자의 소비는 각자의 계좌에서 처리되기 때문에 생활비 흐름은 깨지지 않고, 상대방의 소비도 존중할 수 있다.

따라서 월급일(또는 기준일)마다 정한 금액을 각자의 용돈 계좌로 이체해두자. 이 한 가지 실천만으로도 생활비와 개인 소비가 명확하게 구분되고, 가계 전체의 지출도 깔끔하게 정리된다. 적정 용돈을 책정하는 구체적인 방법은 〈Part 3. 돈 절약하기〉의 '부부 싸움 없는 용돈 시스템 만들기'에서 자세히 다루었다. 각 가정의 상황에 맞게 현실적으로 계획해보자.

• 비비 계좌

모든 이체가 끝났는데도 돈이 남아 있다면, 그것은 절호의 기회다. 많은 사람들이 "이건 남은 돈이니까 좀 써도 되겠지?"라고 생각하기 쉽지만, 바로 그 순간부터 다시 돈이 새어나가기 시작한다.

이럴 때 가장 좋은 습관은 남은 돈을 '비비 계좌'로 옮겨두는 것이다. 비비 계좌는 내가 직접 만든 개념으로, '비상금'과 '비정기지출'의 앞 글자를 따서 만든 이름이다. 이 계좌 하나로 두 가지 목적의 자금을 함께 관리할 수 있다. 즉, 예기치 못한 상황에 대비하는 비상금과 매달은 아니지만 반복적으로 발생하는 경조사비, 명절비, 휴가비 등에 대비하는 비정기지출을 구분해 관리하는 것이 핵심이다.

보통 비상금은 월급의 1~3배 정도가 적당하다고 하지만, 실제로 그 금액을 한 번에 마련하기는 쉽지 않다. 비정기지출도 마찬가지다. 1년 단위로 계산해보면 몇백만 원에서 많게는 몇천만 원까지 필요하지만, 단기간에 준비하기는 어렵다.

비비 계좌에 넣을 금액을 정하는 방법은 〈Part 3. 돈 절약하기〉의 '비정기지출 관리하기'에서 자세히 다루었다. 가계의 지출 패턴과 여유 자금을 함께 고려해 우리 집에 맞는 기준을 세워보자.

나는 매달 쓰고 남은 돈은 무조건 비비 계좌로 옮겨, 비상금과 비정기지출비를 조금씩 쌓아가고 있다. 이렇게 꾸준히 옮기다 보면 어느새 비비 계좌에 100만 원, 200만 원이 모인다. 실제로 나는 이 방식으로 500만 원의 비비 자금을 마련했다.

비비 계좌는 단순한 여유 자금이 아니다. 예측할 수 없는 지출에도 재정을 흔들리지 않게 해주는 안전망이자, 계획되지 않은 소비를 막아주는 심리적 방어선이다. 이 계좌가 잘 갖춰져 있으면 갑작스러운 병원비나 자동차 수리비 같은 돌발 지출이 생겨도 당황하지 않고 대응할 수 있다.

이체는 월급일(또는 기준일) 직전에 하자. 월급일(또는 기준일) 전날, 메인 계좌에 남은 돈을 모두 비비 계좌로 옮기면 메인 계좌의 잔액은 0원이 된다. 이 '제로 세팅'을 통해 한 달의 흐름을 깔끔하게 마무리하고, 다음 달 새 수입이 들어오면 다시 '수입 → 저축 및 고정지출 → 개별 계좌(목적별 계좌) → 비비 계좌(남은 돈)' 순서로 리셋할 수 있다. 이 루틴이 반복되면 어느 순간부터는 돈을 쓰는 일보다 남기는 일이 더 즐거워진다.

만약 비상금과 비정기지출 예산이 이미 충분히 마련됐다면, 이제는 비비 계좌 대신 자유적금이나 추가 투자로 활용해보자. 돈을 다 쓰고도 남는다니, 생각만 해도 기분 좋지 않은가? 남은 돈을 '의미 있게 쓴다'는 기쁨은 '아껴 썼다'는 보람과 '더 잘 살고 있다'는 자신감을 동시에 안겨준다.

①~③ 과정을 잘 따라왔다면, 이제 당신은 단순히 돈을 기록하는 단계를 넘어 돈의 흐름을 설계할 수 있는 힘을 갖게 된 것이다.

PART 3

돈 절약하기

아는 만큼 보이고, 보이는 만큼 모인다

고정지출 관리하기

우리가 소비하는 돈은 크게 고정지출, 변동지출, 비정기지출로 나눌 수 있다. 돈 관리를 제대로 해보겠다고 마음먹었다면, 이 세 가지 개념부터 이해해야 한다. 수납장 속 물건도 바구니별로 나누면 정리가 쉬운 것처럼, 돈도 목적에 따라 구분해 관리해야 훨씬 효율적이다.

그중에서도 가장 먼저 점검해야 할 것은 '고정지출'이다. 월급이 들어오자마자 자동이체로 빠져나가는 돈들이 여기에 속한다. 눈에 잘 띄지 않지만, 사실 이런 고정지출이야말로 재테크의 출발점이다. 아무리 열심히 일해도 돈이 모이지 않는 이유가 대부분 여기에 숨어 있다. 그래서 고정지출을 꼼꼼히 점검하고 정리하는 과정이 꼭 필요하다. 한 번만 제대로 손봐도 그 효과가 오랫동안 누적되기 때문이다.

대표적인 고정지출로는 관리비, 통신비, 교육비, 보험료 등이 있다. 대부분 자동이체로 설정되어 있어 방심하기 쉽지만, 이를 '조정 불가능 항목'과 '조정 가능 항목'으로 나누어 관리하면 훨씬 효율적이다. 이렇게 구분해두면 불필요한 지출을 줄이고 꼭 필요한 항목만 남길 수 있다.

'조정 불가능 항목'은 대출 상환금, 공과금, 필수 교육비처럼 재정 상황과 관계없이 반드시 지출해야 하는 비용이다. 흔히 '숨만 쉬어도 나가는 돈'이라고 부르는 것들이다. 반면, '조정 가능 항목'은 보험료, 휴대폰 요금, 구독료, 선택 교육비처럼 상황에 따라 줄이거나 없앨 수 있는 지출을 말한다.

필수 교육비와 선택 교육비의 구분은 개인의 상황과 기준에 따라 달라진다. 예를 들어 나는 어린이집이나 유치원비는 필수 교육비로, 학원비나 학습지는 선택 교육비로 본다.

강의를 들었던 한 수강생은 형편이 어려운 상황에서도 아이를 영어유치원에 보내고 있었는데, 고정지출의 개념을 배우고 나서 일반 유치원으로 옮겼다고 한다. 영어유치원이 기본 교육이라고 생각한다면 필수 교육비로 볼 수 있지만, 재정 상황에 따라 조정할 수 있다고 판단된다면 선택 교육비로 분류하는 것이 더 적절하다.

아이의 취미나 특기 활동도 마찬가지다. 피아노, 태권도, 미술학원 같은 활동은 '남들도 다 하니까 우리 아이도 해야 한다'고 생각하기 쉽다. 요즘은 코딩, 로봇, 영어 몰입형 등 다양한 사교육 패키지까지 등장했다. 이런 분위기 속에서 학부모들은 '안 시키면 우리 아이만 뒤처질까?' 하는 불안감에 지출을 늘리곤 한다. 그러나 냉정히 따져보면 이런 활동비는 대부분 선택 교육비에 가깝다. 꼭 필요한 경우가 아니라면 잠시 멈추거나 규모를 줄이는 것만으로도 가계에 숨통이 트인다.

이 관점은 교육비뿐 아니라 생활비에도 똑같이 적용된다. 최신형 휴대폰이나 가전제품, 주말 외식, 아이 방 꾸미기 같은 항목도 처음에는 당연히 해야 하는 필수 소비처럼 느껴질 수 있다. 하지만 자세히 따져보면 꼭 지금이 아니어도 되고, 상황에 따라 규모를 조정하거나 줄일 수 있는 지출들이다.

결국 조정 가능 항목과 조정 불가능 항목은 절대적인 기준이 아니다. '남들도 다 하니까'라는 심리가 아니라, 내 가치관과 우리 집 형편에 맞게 판단해야 한다. 그래야 불필요한 지출을 걷어내고, 진짜 필요한 곳에 돈을 쓸 수 있다.

새는 돈, 자동이체를 점검하자

고정지출은 한 번 설정해두면 자동으로 결제되기 때문에 많은 사람이 줄이기 어렵다고 느낀다. 하지만 앞서 말했듯, 지출을 조정 가능 항목과 조정 불가능 항목으로 나누어보면 어디서부터 손대야 할지가 분명해진다.

우선 조정 가능한 항목부터 줄이면 된다. 예를 들어, 우리 집은 보험 점검을 통해 월 보험료를 5만 원 이상 줄였고, 가족 전체가 알뜰폰 요금제로 바꾸면서 통신비를 6만 원 넘게 절약했다. 참고로 휴대폰 요금은 '모두의 요금제(모요)' 같은 비교 사이트를 활용하면 손쉽게 최저가를 찾을 수 있다. 데이터 무제한 요금제도 통신사별로 월 5천 원대부터 있으니 꼼꼼히 비교해보고 선택하는 것을 추천한다. 또 TV를 없애면서 IPTV 이용료와 수신료를 약 1만 원 줄였고, 잘 이용하지 않던 구독 서비스들도 함께 정리했다. 작은 절약이지만, 이렇게 모인 금액이 한 달, 1년 단위로 보면 생각보다 큰 차이를 만든다.

특히 요즘은 구독 서비스가 새로운 고정지출의 주범이 되고 있다. '월 몇천 원이니까 괜찮겠지' 하고 시작했지만, 어느새 영상 플랫폼, 음악, 쇼핑, 각종 앱까지 기본 3개 이상 구독하고 있는 경우가 많다. 신청 버튼은 눈에 잘 띄게 만들어져 있지만, 해지 버튼은 찾기 어렵게 숨겨져 있는 경우도 많아 정리하려고 해도 실행이 쉽지 않다. 게다가 사용하지 않아도 자동 결제로 빠져나가다 보니, 필요하지 않은 서비스가 그대로 남아 있는 경우도 흔하다. 처음엔 작은 금액처럼 보이지만, 이런 구독료가 모이면 예상보다 큰 지출이 된다.

우리 집도 이런 항목들을 하나씩 점검하면서 매달 10만 원이 넘는 고정지출을 줄였다. 자동이체로 빠져나간다고 방심하지 말고 한 번쯤 직접 확인해보자. 생각보다 줄일 수 있는 항목이 훨씬 많을 것이다.

이렇게 고정지출을 점검하는 이유는 한 번의 노력으로 오랜 기간 절약 효과를 누릴 수 있기 때문이다. 예를 들어, 휴대폰 요금을 월 3만 원만 줄여도 1년이면 36만 원을 아낄 수 있다. 반면 외식비 3만 원을 줄이려면 매달 먹고 싶은 걸 참아야 하고, 때로는 그 참음이 실패로 끝나 충동구매로 이어질 수도 있다. 이처럼 '참는 절약'보다 '구조적인 절약'이 훨씬 쉽고 지속 가능하다.

다음 페이지의 양식을 참고해, 고정지출 항목을 '조정 불가능'과 '조정 가능'으로 나누고 금액, 결제일, 결제 방법까지 함께 기록해보자. 〈Part 2. 돈 정리하기〉의 '결제일 정리 예시' 표를 참고하면 쉽게 정리할 수 있다. 지출일은 월급일(또는 기준일)로부터 5일 이내로, 결제 방법은 가능하면 하나로 통일하는 것이 고정지출 관리에 큰 도움이 된다.

해당 양식은 '더 미니멀(https://www.theminimal.kr/)' 홈페이지에서 무료로 내려받을 수 있다.

조정 불가능 고정지출

항목	금액	결제일	결제 방법
대출 상환금			
관리비			
전기 요금			
가스 요금			
수도 요금			
필수 교육비			
합계			

조정 가능 고정지출

항목	금액	결제일	결제 방법
보험료			
휴대폰 요금			
TV · 인터넷 요금			
구독료			
선택 교육비			
기부금 · 헌금			
회비			
남편 용돈			
아내 용돈			
기타			
합계			

―――――――――――― **고정지출 체크리스트** ――――――――――――

☐ 고정지출 결제일이 모두 다르다.
☐ 연 10% 이상의 고금리 대출이 있다.
☐ 보험에 가입한 지 3년 이상 지났지만 리모델링을 하지 않았다.
☐ 휴대폰 단말기 할부금을 내고 있다.
☐ 단말기 값을 제외한 휴대폰 요금이 월 5만 원을 초과한다.
☐ OTT · 음원 스트리밍 등 유료 구독 서비스가 3개 이상이다.
☐ 전기, 가스, 수도 요금 등 공과금 절약법을 알고 있지만 실천하지 않는다.

🔍 체크리스트는 각 지출 항목에서 불필요하게 새고 있는 부분을 점검하기 위한 것이다. 모든 항목을 동시에 개선할 필요는 없다. 체크한 부분부터 우선순위를 두고 줄여나가면 된다

변동지출 관리하기

'변동지출'은 식비, 생활용품비, 병원비 등 매달 금액이 달라지는 지출을 말하며, 흔히 '생활비'라고 부른다. 가끔 내가 SNS에 "5인 가족 한 달 생활비가 120만 원이에요"라고 말하면, "보험료는 안 내요?", "아이들 학원비는요?", "식비랑 외식비도 포함이에요?", "5인 가족이 정말 그 돈으로 생활이 돼요?" 하고 되묻는 사람들이 있다.

생활비는 내가 쓰는 모든 지출을 의미하지 않는다. 고정지출, 변동지출, 비정기지출 중에서 변동지출만을 뜻한다. 대부분의 재테크 책이나 강의에서도 이 개념을 동일하게 사용하고 있으니, 앞으로 돈 관리를 제대로 하고 싶다면 반드시 이해해야 할 기본 개념이다.

변동지출을 관리하려면 먼저 세부 항목을 정리해야 한다. 그래야 예산을 정확하게 세울 수 있기 때문이다. 나는 오랫동안 수기 가계부를 써왔는데, 내가 사용하는 가계부에서는 식비(집밥·간식·외식), 생활용품비, 교통·유류비, 의류·미용비, 병원·의료비, 취미활동비, 교육비를 변동지출 항목으로 분류한다.

이 항목들은 가계부마다 조금씩 다르다. 주유비를 고정지출로 넣는 가계부도 있고, 병원비를 비정기지출로 넣는 가계부도 있다. 또 어떤 가계부에서는 식비와 생활용품비만 변동지출로 보고, 나머지는 고정지출이나 비정기지출로 본다.

스스로 카테고리를 설정할 수 있는 엑셀이나 가계부 앱을 쓰더라도 어떤 소비를 고정지출로 볼지, 변동지출로 볼지는 본인의 기준에 달려 있다. 예를 들어, 누군가는 영양제를 매달 구입하기 때문에 고정지출로 분류할 수 있고, 다른 누군가는 필요할 때만 구입하기 때문에 변동지출로 분류할 수도 있다.

물론 공통점도 있다. 어떤 가계부를 쓰더라도 식비와 생활용품비는 반드시 변동지출에 포함된다. 따라서 변동지출 항목을 어떻게 설정하느냐에 따라, 같은 가구원 수라도 어떤 집은 생활비가 100만 원 미만일 수 있고, 다른 집은 200~300만 원 이상이 될 수도 있다. 그러니 단순히 금액만 보고 다른 집과 비교하기보다는 우리 집만의 생활비 기준을 정하는 게 우선이다.

그리고 하나 더. 변동지출은 이름처럼 매달 들쑥날쑥할 수밖에 없지만, 생활 속 몇 가지 습관만 들여도 충분히 안정적으로 관리할 수 있다. 예를 들어, 외식은 주말 한두 번으로 횟수를 정해두면 지출 패턴이 일정해진다. 장을 보기 전에는 냉장고를 열어 이미 있는 식재료를 확인하는 습관만으로도 불필요한 중복 구매를 막을 수 있다. 생활용품은 세일할 때 무턱대고 대량 구매하기보다 필요한 만큼만 사서 끝까지 쓰는 것이 좋다. 화장품이나 세제처럼 브랜드 취향이 있는 경우에도 가성비 좋은 대체품을 한두 가지 정해두면 지출 변동폭을 크게 줄일 수 있다.

이렇듯 몇 가지 작은 규칙을 세워두면 변동지출도 들쑥날쑥하지 않고, 고정지출처럼 예측 가능한 범위 안에서 관리할 수 있다. 결국 개념을 이해하고, 그에 맞는 습관을 꾸준히 유지하는 것이 지혜로운 변동지출 관리의 핵심이다.

변동지출, 항목부터 정리하자

변동지출의 흐름을 이해했다면, 이제 우리 집의 변동지출 항목을 정해보자. 어떤 항목을 포함할지는 각자의 생활 방식과 소비 패턴에 따라 달라질 수 있다. 다음 내용을 참고해 세부 항목을 정하고, 그에 맞는 예산 계획까지 세워보자.

① 식비(집밥) : 집밥을 위한 식재료 구입비. 밀키트나 반찬 배달도 포함

② 식비(간식) : 간식 구입비 및 카페 이용비

③ 식비(외식) : 외식비 및 야식비. 배달·포장 음식비 포함

④ 생활용품비 : 세제, 화장지 등 일상생활에 필요한 소모품 구입비

⑤ 교통·유류비 : 주유비, 대중교통비, 통행료, 주차비 등 이동에 필요한 비용

⑥ 의류·미용비 : 옷, 신발 등 의류 구입비, 화장품, 미용실 이용비, 세탁 및 수선비

⑦ 병원·의료비 : 병원 진료비, 약값, 영양제 구입비 등 건강관리비

⑧ 취미·활동비 : 영화·공연·전시 관람비, 취미용품 구입비, 입장료, 체험비 등 여가 비용

⑨ 교육비 : 책, 참고서, 문구 구입비만 해당. 정기적인 학원비는 고정지출로 분류

⑩ 기타 : 위 항목에 포함되지 않지만, 생활 속에서 불규칙하게 발생하는 소액 지출

변동지출 항목 및 예산

항목	예산
식비(집밥)	
식비(간식)	
식비(외식)	
생활용품비	
교통·유류비	
의류·미용비	
병원·의료비	
취미·활동비	
교육비	
기타	
합계	

대략적인 예산이 나왔다면 '뱅크샐러드' 홈페이지에서 '신용카드 → 나에게 맞는 신용카드 찾기' 메뉴를 이용해보자. 여기에서 '체크카드' 유형을 선택한 뒤 혜택 항목과 전월 실적 금액을 설정하면, 내 소비 패턴에 가장 잘 맞는 카드를 추천받을 수 있다.

뱅크샐러드는 국내 대표적인 금융 데이터 분석 플랫폼이다. 주요 소비 항목(주유, 온라인 쇼핑, 편의점, 배달, 간편 결제 등)을 선택하면 각 항목별로 할인이나 적립 혜택이 가장 큰 카드를 한눈에 비교할 수 있다.

소비 패턴과 사용 목적에 맞는 생활비용 카드를 선택했다면, 해당 카드와 연계된 은행의 수시입출금 계좌를 생활비 전용 계좌로 설정하자. 혜택 차이가 크지 않다면 이미 거래 중인 은행을 선택하는 것이 좋다. 기존 은행을 이용하면 이체 수수료 면제나 ATM 무료 출금 등 주거래 고객 혜택을 그대로 받을 수 있고, 여러 은행을 오가며 관리해야 하는 번거로움도 줄일 수 있다.

여기까지 따라왔다면 변동지출 관리를 위한 기본 세팅은 끝났다. 이제 매달 생활비 예산만큼 생활비 전용 계좌에 입금하고, 모든 변동지출을 이 계좌와 연결된 체크카드로 결제하면 된다. 생활비 계좌 안에 모든 지출 내역이 자동으로 기록되기 때문에 가계부 작성이 쉬워지고, 잔액 관리와 결산도 훨씬 간편해진다.

변수는 늘 있기 마련이다. 아무리 계획을 세워도 예산이 어긋나거나, 예상치 못한 일로 생활비가 부족할 때도 있다. 이럴 땐 어떻게 해야 할까? 부족한 금액만큼 신용카드를 써야 할까, 아니면 예비비에서 당겨와야 할까?

두 방법 모두 당장은 부족한 생활비를 메울 수 있지만 근본적인 해결책은 아니다. 생활비가 **부족**하다면 가장 먼저 해야 할 일은 설정한 예산이 적정한지 점검하는 것이다. 이 과정을 건너뛰고 눈앞의 문제만 해결하려 하면, 같은 상황이 계속 반복될 가능성이 크다.

변동지출 관리하기

1. 변동지출 항목 정하기 : 우리 집의 생활 패턴과 가치관에 맞게 변동지출 항목을 구분한다.
2. 항목별 예산 세우기 : 현실적인 수준에서 한 달 예산을 계획하고, Top-down 또는 Bottom-up 방식 중 나에게 맞는 방법으로 조정한다.
3. 변동지출 전용 체크카드·계좌 만들기 : 변동지출만 따로 결제할 생활비 전용 계좌와 카드를 설정해 소비 흐름을 한눈에 파악할 수 있도록 관리한다.
4. 가계부로 점검하기 : 실제 지출 내역을 기록하며 예산과의 차이를 점검한다.

생활비 예산을 점검하는 두 가지 방식

생활비 예산이 적절한지 점검하기 위해서는 두 가지 방식을 이해해야 한다.

첫째는 'Top-down 방식'이다. 생활비 예산 한도를 미리 정해두고, 그 한도 내에서 지출을 관리하는 방법이다. 앞서 표를 통해 생활비 총액을 계산했다면, 이제 그 금액 안에서 생활하는 것이 바로 Top-down 방식이다.

예를 들어 생활비 예산을 130만 원으로 정하고, 한 달 동안 그 안에서만 지출을 관리하는 식이다. 변동지출 관리를 처음 시작했거나 이제 막 가계부를 쓰기 시작한 사람에게 추천한다. 생활비를 정해두고 그 안에서만 써야 하는 강력한 예산 통제가 필요한 경우, Top-down 방식을 유지하는 것이 좋다.

둘째는 'Bottom-up 방식'이다. 매달 일정이나 상황에 맞춰 예산을 유연하게 조정하는 방법으로, 필요할 때는 예산을 늘리고 여유가 있을 때는 줄이는 식으로 운영한다. 가계부 작성이 습관화된 사람, 재정 관리에 익숙한 사람, 예산 운영에 여유가 있는 사람에게 적합하다.

예를 들어 평소에는 생활비 예산을 120만 원으로 정하지만, 아이들 방학에는 식비 증가를 고려해 150만 원으로 늘리는 식이다. 우리 집의 경우도 이런 상황을 고려해 매달 예산이 10~20만 원 정도 차이 나지만, 1년 평균으로 보면 5인 가족 기준 약 130만 원 정도를 생활비로 사용하고 있다.

재정관리를 시작한 지 얼마 되지 않았거나 이제 막 가계부를 쓰기 시작한 사람에게는 Bottom-up 방식은 추천하지 않는다. 이 방식은 예산에 대한 인식이 아직 자리 잡지 않았을 때 사용하면 자칫 자기합리화로 이어지기 쉽기 때문이다. 상황에 따라 예산을 유동적으로 조절할 수 있기 때문에 부족할 때마다 "이번 달만 조금 더 쓰자"는 식으로 예산을 늘리게 되고, 그만큼 다시 씀씀이가 커질 가능성도 높아진다.

따라서 재정관리를 이제 막 시작했다면, 매달 일정한 금액의 생활비를 정해두고 '내 예산은 이것뿐이야. 어떻게든 이 안에서 살아보자'라는 마음을 가지는 게 중요하다. 그 금액 안에서 생활이 가능해졌다면, 다음 달부터는 생활비 예산을 조금씩 줄여보며 우리 집에 맞는 적정 생활비 수준을 찾아가면 된다.

만약 아무리 노력해도 3개월 정도 계속 예산을 초과한다면, 그건 예산을 잘못 책정했다는 신호다. 이런 경우에는 예산을 조금 조정해 다시 그 범위 안에서 생활해보자. 단, 금액을 바로 늘리기보다는 잠시 소비를 멈추고 안 쓰는 연습을 해보는 것이 좋다. 재정관리가 익숙해질 때까지만이라도 이 훈련을 이어가면 예산 감각이 훨씬 정교해진다.

돈 관리를 체계적으로 시작한 지 얼마 되지 않았다면, 처음엔 어려운 것이 당연하다. 그러나 그 어려움은 오래가지 않는다. 첫 3개월만 예산 안에서 생활하는 연습을 꾸준히 이어가다 보면, 어느 순간 예산을 따로 의식하지 않아도 자연스럽게 평균 금액 안에서 지출을 조절하는 자신을 발견하게 될 것이다. 익숙해지기 전까지는 조금 버겁지만, 이 과정을 지나면 돈 관리가 훨씬 쉬워진다.

──────────── **변동지출 체크리스트** ────────────

☐ 매일 커피를 사 마신다.
☐ 습관처럼 편의점에 들른다.
☐ 특별히 살 게 없어도 온라인 쇼핑 앱을 자주 둘러본다.
☐ SNS에서 공동구매 계정을 여러 개 팔로우하고 있다.
☐ 외식이나 배달 음식을 일주일에 두 번 이상 이용한다.
☐ 야식을 자주 먹는다
☐ 나들이 삼아 대형마트나 쇼핑몰을 자주 방문한다.

🔍 체크리스트는 각 지출 항목에서 불필요하게 새고 있는 부분을 점검하기 위한 것이다. 모든 항목을 동시에 개선할 필요는 없다. 체크한 부분부터 우선순위를 두고 줄여나가면 된다.

돈의 감각을 되살리는
현금 중심 생활과 5주 예산

지금까지 자산과 빚을 정리하고, 고정지출, 변동지출, 비정기 지출을 하나씩 점검한 이유는 바로 '현금 중심 생활'을 하기 위해서다. 각종 카드, 자동 결제, 간편 결제 서비스가 일상이 된 요즘, 현금을 쓴다는 건 다소 시대에 뒤처진 일처럼 느껴질 수도 있다. 그러나 돈을 모으기로 결심했다면, 목표를 이룰 때까지는 조금 불편하더라도 현금 중심 생활이 훨씬 효과적이다. 돈은 편할수록 새고, 불편할수록 모이기 때문이다.

사실 빚이 늘고 소비 통제가 어려워지기 시작한 시점은 신용카드, 간편 결제, 소액 결제처럼 돈을 쉽게 쓸 수 있는 시스템이 생활 속에 깊숙이 자리 잡으면서부터였다. 결제는 편해졌지만 소비를 통제하기는 그만큼 어려워졌다.

하지만 신용카드 대신 체크카드나 현금을 써보면 금세 달라진다. 굳이 하지 않아도 되는 지출이 눈에 띄게 줄고, 꼭 필요한 곳에만 돈을 쓰게 된다. 결제가 번거로울수록 즉흥적인 소비는 줄고 선택은 더 신중해진다. 이런 불편함이야말로 내가 무엇을 진짜 필요로 하는지 돌아보게 만드는 좋은 기회다.

현금 생활의 또 다른 장점은 돈을 훨씬 주도적으로 다룰 수 있다는 점이다. 신용카드를 쓰다 보면 그때그때의 지출보다는 한 달 뒤 결제될 총액에만 신경 쓰게 되는 경우가 많다. 그리고 이를 의식하는 것조차 잠깐일 때가 많다. 그러다 보니 물가가 얼마나 올랐는지, 실제로 얼마나 쓰는지도 체감하기 어렵다.

반면 현금이나 체크카드는 결제 즉시 돈이 빠져나가기 때문에 자연스럽게 금액을 한 번 더 확인하게 된다. 이 단순한 행동만으로도 신용카드보다 물가 변동을 훨씬 빨리 체감할 수 있다. 그 결과, 경제 상황에 대한 감각이 빠르게 생기고 경기 변동에 영향을 많이 받는 재테크를 할 때도 큰 도움이 된다.

이처럼 돈이 빠져나가는 과정을 직접 인식하는 경험은 어른뿐 아니라 아이들에게도 똑같이 중요하다. 용돈 교육 전문가들이 처음 아이들에게 용돈을 줄 때, 카드가 아닌 현금을 추천하는 것도 같은 이유다. 현금을 직접 손에 쥐고 주고받는 과정을 통해 돈의 개념과 가치를 몸으로 배우기 때문이다.

또한 눈앞에서 돈이 줄어드는 경험은 '눈에 보이는 만큼만 쓸 수 있다'는 한계를 자연스럽게 체득하게 한다. 이 작은 제약이 과소비를 막고, 소비 조절력을 키워주는 훈련이 된다. 이런 점에서 현금은 카드보다 훨씬 좋은 '돈 공부'의 출발점이 된다.

혹시 '아이들에게는 맞는 방법일지 몰라도, 나는 어른이니까 다르지 않을까?'라고 생각하고 있진 않은가? 외국어를 배울 때 나이와 상관없이 기초부터 시작하듯, 돈 관리 실력이 부족하다고 느껴진다면 용돈 교육을 다시 받는다는 마음으로 현금 생활에 도전해보자. 생활 규모가 커졌다고 해서 돈의 원리가 달라지는 것은 아니다. 돈의 흐름을 몸으로 익히는 훈련은 나이에 상관없이 누구에게나 유효한 기본기다.

좀 더 재미있게 접근하고 싶다면, SNS에서 화제가 된 '현금 챌린지'를 따라 해보는 것도 좋다. 이 챌린지는 무계획적인 카드 결제 대신 미리 정한 예산만큼의 현금을 인출해 항목별로 나눠 쓰는 방식이다. 예를 들어 식비, 교통비, 여가비처럼 사용 목적에 따라 돈을 봉투나 바인더에 넣어두고, 필요할 때마다 직접 꺼내 쓰는 것이다.

이 방식의 가장 큰 장점은 돈이 어떻게 흘러가는지 눈에 보인다는 점이다. 카드 결제는 한눈에 감이 오지 않지만, 현금은 봉투 속 금액이 줄어드는 속도로 소비의 현실을 직접 체감하게 한다. 이 시각적 체감은 불필요한 소비를 줄이고, 소비 습관을 서서히 바꾸는 힘이 된다. 그 결과 지출은 줄고, 돈이 차곡차곡 쌓여가는 뿌듯함이 따라온다. 게다가 요즘은 바인더나 가계부 꾸미기를 취미로 즐기는 사람들도 많아, 절약이 단순히 참는 일이 아니라 재미와 자기표현의 일환이 되기도 한다.

나 역시 약 8년 전 신용카드를 없애고 현금 위주의 생활을 해오고 있다. 물론 현금 생활이 무조건 절약으로 이어지는 것은 아니다. 며칠만 지나도 '도대체 어디에 썼지?' 싶을 때가 생기고, 금액이 가물가물할 때도 있다. 그래서 현금 생활에는 반드시 가계부가 따라야 한다. 현금은 돈의 흐름을 몸으로 느끼게 하지만, 가계부는 그 흐름을 숫자로 명확하게 보여주는 지도다. 이 두 가지를 병행할 때 비로소 진짜 '돈 감각'이 생긴다.

가계부 기준일 정하기

가계부는 크게 수기, 엑셀, 앱 형태로 나뉜다. 그중 내가 가장 추천하는 방식은 수기 가계부다. 특히 처음 가계부를 쓰는 사람에게는 직접 적어보는 경험이 큰 도움이 된다. 기록하는 과정에서 내가 주로 어디에 돈을 쓰는지, 어떤 소비 습관을 가지고 있는지를 자연스럽게 알 수 있기 때문이다.

'이번 달엔 외식이 많았네', '이번 주엔 편의점을 자주 갔네'처럼 내 소비 패턴이 자연스럽게 눈에 들어온다. 손으로 직접 쓰는 행위는 단순한 기록을 넘어, 소비의 약점과 반복되는 패턴을 깨닫게 해준다. 이것이 바로 수기 가계부의 가장 큰 힘이다.

가계부를 어떤 방식으로 쓸지 정했다면, 그다음으로 중요한 일은 '기준일'을 정하는 것이다. 대부분의 사람들은 습관적으로 매월 1일부터 가계부를 쓰기 시작하지만, 나는 월급일을 기준으로 작성하는 방식을 추천한다.

예를 들어, 월급이 10일에 들어온다면 10일부터 다음 달 9일까지를 한 달로 설정하는 것이다. 즉, 월급이 들어오는 날을 기준으로 한 달의 예산이 시작된다고 보면 된다. 이렇게 하면 실제 돈이 들어오는 시점과 지출이 시작되는 시점이 일치해 예산 관리가 훨씬 수월해진다.

반면, 월급은 10일인데 1일부터 가계부를 쓰면 돈의 흐름이 엇갈리게 된다. 월급이 들어오기 전인 1일부터 9일까지는 통장에 돈이 없는데 예산은 이미 시작된 상태가 되고, 월급을 받은 뒤인 10일부터 말일까지의 지출은 지난 달 가계부에 포함되어 버린다.

이런 흐름은 실제 소비 패턴과 가계부 기록 사이에 혼란을 만들고, '왜 늘 통장 잔액이 부족하지?'라는 의문을 남긴다. 따라서 월급일을 기준으로 가계부를 쓰는 것이 가장 현실적이며, 예산을 통제하기에도 쉽다.

다만 대부분의 가계부가 매월 1일을 기준으로 구성되어 있기 때문에 월급일이 일정하지 않거나, 자영업자처럼 수입일을 스스로 조정할 수 있는 경우라면 굳이 복잡하게 나누지 않아도 된다. 이럴 때는 매월 1일을 기준으로 단순하게 잡는 편이 낫다. 결국 중요한 것은 나에게 맞는 기준을 정하고, 그 기준에 따라 흐름을 꾸준히 유지하는 것이다.

5주 단위로 예산 나누기

기준일을 정했다면, 이제 생활비 예산을 '5주 단위'로 나누어 관리해보자. 나는 한 달을 4주가 아닌 5주로 구분해 예산을 세운다. 달력상 한 달이 꼭 4주(28일)로 떨어지지 않기 때문에 4주 기준으로 예산을 잡으면 마지막 주가 늘 빠듯하거나 초과 지출이 생기기 쉽다. 따라서 5주를 기준으로 계산하면 더 여유 있게 생활비를 관리할 수 있다.

5주 단위로 예산을 쓰고, 마지막 주에 남은 금액은 '푼돈 계좌'에 저축한다. 푼돈 계좌는 말 그대로 작은 돈을 모으는 계좌로, 구체적인 활용법은 〈Part 4. 돈 모으기〉의 '푼돈으로 할 수 있는 것들'에서 자세히 다루었다.

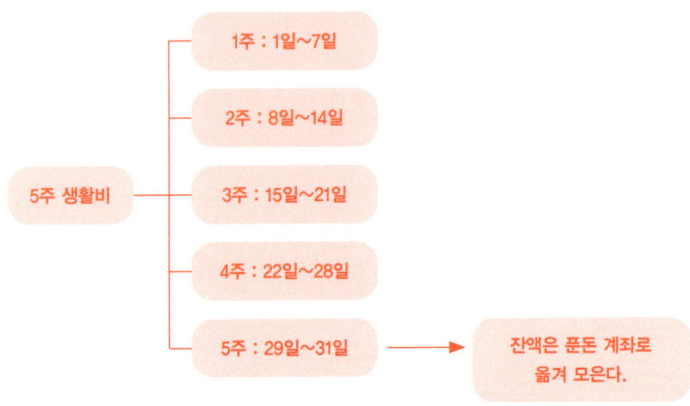

가계부 기준일이 10일이라면 10일~16일, 17일~23일, 24일~30일, 31일~6일, 7일~9일로 계산하면 된다. 즉, 월급일부터 일주일씩 구간을 나누면 된다.

이렇게 생활비를 5주로 나누는 이유는 과소비를 막기 위해서다. 월급이 들어온 직후에는 돈이 많게 느껴져 소비가 늘어나고, 월말이 되면 잔액이 부족해 아껴 쓰게 되는 경험은 누구나 한 번쯤 해봤을 것이다.

예를 들어 한 달 생활비 예산이 200만 원이라면, 전액을 생활비 계좌에 넣기보다 5주로 나누어 주당 40만 원씩 배정한다. 이렇게 하면 각 주의 예산이 명확해지고, '이번 주에는 여기까지 쓴다'는 경계가 생겨 불필요한 소비를 줄이는 데 큰 도움이 된다. 200만 원이라는 전체 금액은 같아도 어떻게 나누느냐에 따라 돈에 대한 마음가짐이 달라지고, 자연스럽게 소비 조절 능력도 생긴다.

앞서 정한 주간 예산을 생활비 지갑에 넣어 관리하면 훨씬 효과적이다. 돈의 흐름이 눈에 보이기 때문에 어디에 얼마를 쓰는지 한눈에 파악할 수 있다. 나 역시 이 방식을 실천해왔다. 그 경험을 많은 사람들과 공유하고 싶어 주간별로 생활비를 보관하고 소비 습관을 조절할 수 있는 생활비 지갑 '위클렛'을 직접 개발했다.

처음 생활비 지갑을 써보는 사람이라면, 완벽하게 하려 하기보다 가볍게 시작하는 것이 좋다. 요즘은 온라인 결제가 많아 모든 소비를 현금으로만 관리하기는 현실적으로 어렵다.

처음에는 외식비처럼 눈에 보이는 항목부터 현금으로 분리해보자. 커피나 편의점처럼 특정 카테고리를 정해 현금으로 써보는 것도 좋은 방법이다. 지출을 통제하기 위한 목적도 있지만 돈과 감정, 그리고 소비 습관을 마주보는 훈련 도구로 삼는다면 훨씬 의미가 깊다.

한 달 생활비를 5주로 나누고 생활비 지갑에 담는 이 단순한 실천은 돈의 감각을 되살리고, 무심코 흘러가던 소비를 붙잡아 불필요한 지출을 줄이는 가장 확실한 방법이 되어준다.

 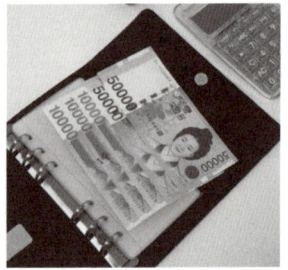

🔍 위클렛

위클렛은 '위클리 월렛(Weekly Wallet)'의 줄임말로, 주간별로 생활비를 보관하고, 소비 습관을 조절할 수 있는 지갑이다.

가계부로 점검하기

그다음부터는 매일 가계부를 쓰면서 잔액을 확인하는 것이 중요하다. 예를 들어 주간 생활비가 40만 원인데, 오늘이 수요일이고 이미 20만 원을 썼다면 남은 기간 동안은 20만 원 안에서 생활해야겠다는 계획을 세울 수 있다. 반대로 잔액을 확인하지 않은 채 '이번 주엔 40만 원까지 쓸 수 있어'라고 막연히 생각하며 지출을 이어가면, 주초에는 펑펑 쓰고 주말엔 지갑이 텅 비는 일이 반복되기 쉽다.

이런 흐름이 이어지면 생활비를 5주로 나누어 관리하는 의미가 금세 사라지고, 결국 월초엔 여유롭고 월말엔 허덕이던 예전 패턴으로 되돌아간다. 따라서 생활비를 나누는 것만큼 잔액을 주기적으로 점검하는 습관도 중요하다.

마지막으로, 가계부는 간단하게 시작하는 것이 좋다. 처음부터 모든 지출을 완벽하게 분류하고 작성하려다 보면 며칠 못 가 포기하기 쉽다. 가계부를 쓰다 보면 지출이 누락되거나 금액이 정확히 기억나지 않을 때도 있고, 꼼꼼히 적었는데도 실제 잔액과 차이가 나는 일도 생긴다. 그럴 땐 스트레스를 받기보다 기록했다는 사실 자체에 의미를 두자.

가계부의 목적은 금액을 정확하게 맞추는 것이 아니라 소비의 감각을 기르는 데 있다. '이번 달엔 약 250만 원 정도 썼구나' 정도만 알아도 충분하다. 정확히 2,583,383원을 썼는지, 2,586,415원을 썼는지는 중요하지 않다. 그러니 기억나지 않는다면 대략적인 금액만 적어도 괜찮다.

가계부에서 가장 중요한 것은 정확함이 아니라 꾸준함이다. 매일 쓰지 못해도 다시 펜을 드는 그 꾸준함이야말로 당신의 돈 감각을 단단하게 키워줄 것이다.

부부 싸움 없는
용돈 시스템 만들기

　예전에 한 방송 프로그램에서 돈 문제로 다투는 부부의 모습을 본 적이 있다. 이 가정은 아내가 주로 생계를 책임지고 있었는데, 남편이 아내에게 아무 말도 없이 명품 구두를 구입했다. 그 사실을 뒤늦게 알게 된 아내는 화가 나서 대화를 요구했고, 남편은 "얼마 만에 사는 신발인데 이것도 내 마음대로 못 사냐"며 억울해했다. 아내는 거의 혼자 돈을 벌고 있는 상황에서 남편이 말 한마디 없이 고가의 물건을 산 사실에 당혹스러움을 감추지 못했다.

　물론 방송에 나온 짧은 장면만으로 두 사람의 사정을 모두 알 수는 없다. 하지만 그 대화를 보며 느낀 건, 아내가 화가 났던 이유는 단순히 비싼 물건을 샀기 때문이 아니라 그 과정에서 어떠

한 설명이나 공유도 없었기 때문이다.

이렇듯 돈 관리를 하다 보면 부부 사이에서도 종종 부딪히는 상황이 생긴다. 가령 한 사람은 계획을 세우고 아끼려 애쓰지만, 상대방은 그 노력을 모른 채 있는 대로 쓰는 경우다. 애써 세워둔 생활비 예산이 단 한 번의 지출로 무너지는 일도 있다.

물론 그럴 만한 사정이 있었을 수도 있다. 하지만 대부분의 갈등은 상대에게 이유나 상황을 알리지 않은 채 돈을 썼을 때 생긴다. 그때 가장 먼저 드는 감정은 허탈함이다. 함께 벌고 함께 써야 하는 관계인데, 나 혼자만 애쓰고 조급해지는 기분이 드는 것이다. 이런 상황이 반복되면 자연스레 돈 이야기는 피하고 싶어진다.

그렇다고 해서 부부가 서로의 모든 소비를 일일이 보고하고 매번 허락을 받아야 할까? 현실적으로도 불가능할 뿐 아니라, 오히려 서로에게 스트레스만 줄 것이다.

그래서 나는 생활비는 함께 관리하되, 그 외의 지출은 각자 자유롭게 쓸 수 있도록 '부부 용돈 시스템'을 만들어야 한다고 생각한다. 이 방식은 서로의 영역을 침범하지 않으면서도, 자율적으로 소비할 수 있는 건강한 경계를 만들어준다.

부부 용돈 시스템이 필요한 또 다른 이유는 우리 집의 진짜 생활비 규모를 정확히 파악하기 위해서다. 생활비를 줄이고 싶어도 어떤 지출이 생활비이고, 어떤 지출이 개인 용돈인지 구분되지 않으면 얼마를 줄여야 할지조차 알 수 없다. 그런 상황에서는 예산을 세워도 헷갈리고, 결산을 해도 결과가 명확하지 않다.

결국 생활비를 제대로 관리하려면 공용으로 쓰는 '진짜 생활비'만 따로 구분해 파악할 수 있어야 한다. 따라서 개인적으로 사용하는 돈은 처음부터 각자의 용돈으로 분리해두는 것이 공동 생활비를 관리할 때 훨씬 효율적이다.

그렇다면 부부 용돈은 얼마로 정하고 또 어떻게 운영하는 것이 좋을까? 무작정 20만 원, 30만 원처럼 금액만 정해두면 막상 어디에 얼마를 써야 할지 모호해지고, 그러다 보면 금세 예산을 초과하기 쉽다. 가장 추천하는 방법은 먼저 어떤 항목에 얼마를 쓸지 정한 뒤, 그 합계를 기준으로 월 용돈 금액을 결정하는 것이다.

표에 제시된 항목들은 부부 용돈에서 주로 지출되는 내용들이다. 대부분 자동차는 가족이 함께 사용하는 자산이므로, 관련 비용은 공용 생활비(변동지출비)로 처리한다. 반면 개인적으로 사용하는 대중교통비는 용돈 항목에 포함해 예산을 세우는 것이 좋다. 의류나 액세서리, 자기계발, 점심 식사, 친구 모임비 등도 마찬가지다. 만약 화장품을 생활비 예산에서 관리하기로 했다면, 그 항목은 용돈 예산 표에서 비워두면 된다.

부부 용돈 예산 예시

항목	월간 비용	연간 비용
대중교통비	2만 원	
의류 · 속옷		20만 원
소품 · 액세서리		5만 원
안경 · 렌즈		10만 원
헤어		40만 원
화장품		10만 원
피부 관리 · 네일		10만 원
자기계발(운동 · 강의 · 책)	3만 원	
취미	2만 원	
개인 식비(점심 등)	20만 원	
교제 · 친목 모임	10만 원	
혼자만의 시간(카페 등)	1만 원	
기타(담배 · 술 · 간식 등)	1만 원	
합계	563만 원	
월평균	469,167원	

월평균 용돈 = (월간 비용 합계 × 12 + 연간 비용 합계) ÷ 12

매월 반복되는 지출은 '월평균 비용'으로, 불규칙하거나 비정기적인 지출은 '연간 비용'으로 구분해 적는다. 이렇게 용돈 항목을 직접 채워보면 내가 어떤 부분에 개인 지출이 많은지, 또 어떤 부분을 줄일 수 있을지를 스스로 점검해볼 수 있다.

마지막에는 월평균 비용과 연간 비용을 합산해 월평균 용돈 금액을 계산한다. 실제로 수강생들과 이 실습을 해보면, 대부분 자신이 생각했던 것보다 개인적으로 쓰는 돈이 많다는 사실에 놀라곤 한다. 막연히 '나는 별로 안 써'라고 생각했지만, 항목별로 세분화해 적다 보면 '이렇게 많이 쓰고 있었나?' 하며 스스로 깨닫게 된다.

한 수강생은 "집에 가서 배우자에게도 꼭 해보게 해야겠다"며, "그동안 명확하지 않았던 서로의 소비 기준을 이해할 수 있을 것 같다"고 말했다. 그리고 가장 많이 들은 말은 바로 이것이다. "왜 생활비가 줄지 않았는지 이제야 알겠어요." 공용 지출과 개인 지출이 섞여 있었기 때문에 생활비 결산이 늘 헷갈릴 수밖에 없었던 것이다.

이처럼 용돈 예산을 항목별로 적어보는 일은 단순한 숫자 계산이 아니다. 스스로의 소비 습관을 돌아보게 하고, 부부가 서로의 소비를 자율적으로 인정하면서도 계획적으로 돈을 쓸 수 있는 기준이 되어준다.

또한 부부가 함께 돈을 관리하기 위해서는 정보 공유가 필수적이다. 공용 자금이 어디에 얼마나 쓰였는지, 각자가 어떤 계좌와 카드를 보유하고 있는지, 대출은 얼마나 남았는지 등 가계의 전체 흐름을 함께 볼 수 있어야 한다. 그래야 앞으로의 계획도 현실적으로 세울 수 있다.

하지만 현실에서는 "이번 달 카드값 얼마나 나왔어?", "대출 잔액은 아직 그대로야?" 같은 질문을 자주 하게 된다. 처음엔 단순한 확인이었지만 이런 대화가 반복되면 서로에게 스트레스가 된다. 결국 대화가 아닌 보고 형태로 바뀌면서 관계가 나빠질 때도 있다.

그래서 소개하고 싶은 기능이 바로 카카오페이의 '함께하는 자산관리' 서비스다. 이 서비스는 계좌 잔액과 카드 사용 내역, 대출 정보 등을 필요한 범위만 선택해 서로에게 공유할 수 있다. 따로 물어보지 않아도 각자의 앱에서 공용 재정 상태를 언제든 확인할 수 있으니, 불필요한 질문이나 반복 확인을 줄이고 효율적으로 관리할 수 있다.

정보를 매번 묻고 전달하는 방식보다, 공유할 수 있는 환경을 미리 만들어두는 것이 장기적으로 훨씬 효율적이다. 자산을 함께 관리하려는 부부라면, 이처럼 자율성과 신뢰를 동시에 지킬 수 있는 도구를 적극 활용해보길 권한다.

처음에는 나도 카드값이나 잔액을 물어보는 게 괜히 잔소리처럼 들릴까 조심스러웠다. 지금 당장 가계부를 쓰고 싶은데 남편은 회사에 있는 시간이라, 간단한 질문조차 방해가 될까 망설인 적도 있었다. 그런데 이제는 굳이 묻지 않아도 내 휴대폰에서 바로 확인할 수 있으니 마음이 편하고, 가계 관리도 수월해졌다.

그리고 이 서비스는 모든 계좌와 카드 내역을 공유하는 것이 아니라, 공용 계좌나 생활비 카드처럼 필요한 부분만 선택적으로 공개할 수 있다는 점이 장점이다. 각자의 소비는 존중하면서도 공용 재정은 투명하게 관리할 수 있어, 부부의 자율성과 신뢰를 함께 지키는 데 큰 도움이 된다.

비정기지출 관리하기

고정지출과 변동지출을 제외한 모든 비용이 비정기지출이다. 세금, 경조사비, 명절비, 가전·가구 구입비, 휴가비처럼 일정하지 않게 나가는 돈이 여기에 해당한다. 연간비, 이벤트비, 돌발지출비, 특별지출비 등 이름은 다르지만 모두 같은 개념이다.

비정기지출은 한 번에 큰 금액이 빠져나가는 경우가 많아, 미리 대비하지 않으면 예산 전체가 흔들리기 쉽다. 하지만 매년 한 번만 시간을 내어 예산을 세워두면 되기 때문에 변동지출 예산을 세우는 것보다 오히려 더 쉬운 편이다.

우리 집은 매년 연말마다 남편과 식탁에 앉아 다음 해 비정기지출 예산을 함께 세운다. 1년의 주요 이벤트를 미리 그려볼 수 있어 재미도 있고, 예상치 못한 지출을 줄이는 데에도 큰 도움이 된다. 간혹 명절마다 부모님께 드릴 용돈 금액을 두고 의견이 엇갈려 다투는 부부들도 있는데, 비정기지출 예산을 미리 세워두면 다투거나 섭섭할 일이 없다. 이미 정해둔 금액대로 드리면 되기 때문이다.

비정기지출 예산 세우기

이제 대부분의 가정에서 챙겨야 할 공통적인 비정기지출 일정을 함께 살펴보자.

비정기지출 일정과 항목

일정	항목
1월	자동차세 연납
2월	설날, 경조사(졸업, 입학 등)
3월	
4월	
5월	어린이날, 어버이날
6월	
7월	재산세 1기분
8월	주민세, 여름 휴가
9월	재산세 2기분, 추석
10월	
11월	
12월	연말 모임

여러 비정기지출 항목 중 가장 중요하게 챙겨야 할 것은 자동차세 연납이다. 자동차가 있다면 1월에 꼭 납부하자. 자동차세는 6월과 12월, 두 차례에 걸쳐 부과되지만 1월에 연간 세액을 한꺼번에 납부하면 세액공제를 받을 수 있다. 2025년 기준 공제율은 5%이며 매년 변동될 수 있다. 어차피 내야 하는 세금이라면 조금이라도 할인받는 편이 이득이니 꼭 챙기자.

이후에는 각 월별 항목에 맞게 필요한 지출을 기입하면 된다. 예를 들어 가족 경조사(생일, 기일, 결혼, 출산 등), 자동차 보험료, 기타 이벤트성 지출 등이 해당된다.

다만 지출 시기를 정확히 예측하기 어려운 항목들도 있다. 이런 항목들은 반드시 '기타 비용'으로 묶어 예산을 따로 세워두자. 예를 들어 경조사비, 자동차 수리비, 가전·가구 구입비, 병원비(응급실 이용, 고액의 치과 진료비, 건강검진비 등), 고가의 의류비, 피부 미용비, 운동 강습료 등이 포함된다.

나의 경우, 평소 병원비는 변동지출로 관리하지만 응급실 진료비나 고액의 치과 치료비, 건강검진비는 비정기지출로 책정하고 있다. 어떤 항목을 변동지출로 둘지, 비정기지출로 둘지는 각자의 생활 패턴에 맞게 정하면 된다. 다만 본인만의 기준은 반드시 명확해야 한다. 그렇지 않으면 가계부를 쓰는 과정에서 '이건 여기에 적는 게 맞나? 저기에 적는 게 맞나?' 하는 혼란이 생기고, 점차 가계부 작성이 부담으로 느껴질 수 있다.

의류 구입도 마찬가지다. 우리 부부는 각자의 옷은 용돈 안에서 사고, 아이들 옷만 변동지출로 관리하고 있다. 명품을 즐기는 편이 아니고, 10년째 미니멀라이프를 실천하고 있어 옷을 옷장 한 칸에 들어가는 양만큼만 보관한다. 덕분에 옷을 자주 사지 않아서 충분히 용돈 안에서 관리가 가능하다.

아이들 역시 성별이 같아 물려 입히는 경우가 많아, 속옷이나 양말 정도만 새로 구입하면 된다. 가끔 첫째 아이의 티셔츠나 바지를 여러 벌 한꺼번에 살 때도 있지만, 기본적으로 중저가 제품을 구입하기 때문에 변동지출 예산 안에서 충분히 감당할 수 있다.

한편 정장이나 겨울 외투처럼 큰 금액이 드는 옷은 부부 용돈이나 변동지출이 아닌, 비정기지출 예산으로 구입하고 있다. 이런 옷은 매년 사는 품목이 아니기 때문에 필요한 시기에 맞춰 비정기지출로 계획해 관리하는 편이 더 효율적이다.

또 매달 고정적으로 나가는 학원비와 달리, 한 번에 여러 회분을 결제해야 하는 운동 강습료나 피부 미용비 역시 비정기지출로 분류하는 것이 좋다. 다만 카드 할부로 결제했다면, 매달 일정 금액이 빠져나가기 때문에 고정지출로 관리하는 편이 더 현실적이다.

비정기지출 예시

월	항목	예산	실제 지출액
1월	자동차세	30만 원	
	설날 명절비	100만 원	
5월	어린이날	5만 원	
	어버이날 &시어머니 생신	100만 원	
	동생 출산 축하금	30만 원	
6월	자동차 보험료	40만 원	
7월	재산세 1기분	55만 원	
8월	주민세	1만 5천 원	
	휴가비	100만 원	
9월	재산세 2기분	55만 원	
	시아버지 생신	30만 원	
10월	추석 명절비	100만 원	
	친정엄마 생신	30만 원	
기타	가족여행	100만 원	
	경조사비	200만 원	
	자동차 수리비	60만 원	
	가전·가구 구입비	20만 원	
	병원비	50만 원	
	의류 구입비	30만 원	
	기타	50만 원	
합계		1,186만 5천 원	

'비정기지출 일정과 항목' 표를 참고해 우리 가정의 비정기지출 리스트를 작성해보았다. 세금 몇 번 내고 명절 몇 번 치른 것뿐인데, 예산이 무려 1,100만 원이 넘는다. 많아 보이지만 실제 수강생들과 함께 실습해보면, 대부분의 가정이 평균 1,000만 원 안팎이다. 해외여행을 계획 중이거나 자동차가 두 대 이상인 집은 2,000만 원을 넘기기도 한다.

간혹 비정기지출이 500만 원 이하로 나오는 가정도 있다. 이런 경우는 여행 적금처럼 목적 자금을 따로 마련해 두었거나, 출산비, 자동차 관련 비용 등을 별도 통장으로 관리하기 때문이다. 하지만 그렇게 따로 모으더라도 그 돈은 여전히 비정기지출에 해당한다.

예를 들어 여행 자금으로 500만 원을 모은다면, 비정기지출 항목에도 여행비 500만 원을 반드시 포함해야 한다. 그래야 1년 결산 시 우리 가정의 실제 지출 규모를 정확히 파악할 수 있다.

목적 자금을 따로 모으고 있더라도, 비정기적으로 나가는 항목이라면 반드시 예산에 포함시켜 함께 관리하자. 그래야 우리 집에 언제, 얼마의 돈이 필요한지를 한눈에 파악할 수 있고, 돌발 지출에도 흔들리지 않는 가계 운영이 가능하다.

비정기지출은 생각보다 훨씬 중요하다. 이름처럼 비정기적으로 나가는 돈이라 평소에는 그 존재조차 인식하지 못하는 경우가 많기 때문이다. 한 달 동안 얼마를 쓰는지 물어보면, 대부분의 사람들은 고정지출, 변동지출, 저축까지만 계산해 답한다. 하지만 실제로는 1,000만 원이 넘는 비정기지출이 빠져 있어 결산 과정에서 차이가 생기는 경우가 많다.

'분명 쓰는 돈도 일정한 것 같은데 왜 돈이 안 모이지?', '과소비하거나 사치한 것도 아닌데 카드값이 왜 이렇게 많지?' 이런 의문이 생기는 이유는 대부분 바로 이 비정기지출에 있다.

1,000만 원을 12개월로 나누면 약 83만 원이다. 즉 계산되지 않은 83만 원이 매달 빠져나가니, 그만큼 늘 생활비가 부족해지는 것이다. 결국 부족한 금액을 신용카드로 메우다 보면, 돈이 새는 악순환이 반복된다.

따라서 이제는 고정지출과 변동지출뿐 아니라, 비정기지출까지 함께 관리해야 한다. 이 항목을 인식하는 순간, 가계의 흐름이 달라지고 소비 균형이 잡히기 시작한다.

비정기지출 비용을 마련하는 세 가지 방법

그렇다면 비정기지출비는 어떻게 마련하면 좋을까? 여러 방법을 시도해본 결과, 실제로 가장 많이 쓰이고 꾸준한 관리에 도움이 되었던 세 가지 방법을 소개한다.

첫 번째는 연간 예산만큼 비정기지출 계좌를 따로 만들어 관리하는 것이다. 쉽게 말해, 1년치 비정기지출비를 미리 확보해 두는 개념이다. 이렇게 하면 돈 관리에 대한 안정감이 생기고, 평소에는 고정지출과 변동지출만 관리하면 되니 단순하고 효율적이다.

하지만 단점도 있다. 많은 가정이 비정기지출비로 넣어둘 만큼의 여유 자금을 당장 확보하기 어렵다는 점이다. 우리 집의 경우 연간 비정기지출 예산이 약 1,100만 원인데, 이 정도 금액을 현금으로 보유한 가정은 많지 않다. 있더라도 대부분 적금이나 주식 등에 묶여 있다.

또 돈이 준비되어 있더라도, 사용한 금액을 다시 채우며 다음 해 예산까지 마련해야 하는 부담이 있다. 월 100만 원을 저축하기도 빠듯한 상황에서, 소비성인 비정기지출비까지 동시에 모으는 일은 쉽지 않기 때문이다. 따라서 이 방법은 비정기지출 예산이 500만 원 이하이거나, 여유 자금이 이미 확보된 사람에게 적합하다.

두 번째는 연간 예산을 12개월로 나눠, 매달 일정 금액을 비정기지출비로 모으는 것이다. 연간 예산을 한꺼번에 마련하기 어렵다면 이 방식이 현실적이다.

비정기지출 전용 계좌를 만들어 적금처럼 자동이체를 걸어두면 편리하다. 사용할 때는 이 계좌에 연결된 체크카드나 현금을 이용하면 관리가 수월하다. 매달 일정 금액이 자동으로 빠져나가므로 자연스럽게 비정기지출 예산을 확보할 수 있다. 다만 이 방식은 꾸준히 유지해야 효과가 있으므로, 중간에 이체를 중단하거나 다른 용도로 사용하는 일이 없도록 주의해야 한다.

세 번째는 내가 가장 추천하는 방법으로, '비비 계좌'를 만들어 관리하는 것이다. 비비 계좌는 '비정기지출비'와 '비상금'의 앞글자를 따서 만든 나만의 용어로, 쓰면 채워 넣고 또 쓰면 다시 채워 넣는 방식이다.

비정기지출 예산이 약 1,000만 원이고, 여기에 비상금까지 마련하려면 결코 적은 금액이 아니다. 일반적으로 비상금의 적정 규모는 한 달 생활비의 1~3배 수준으로, 가정마다 300만 원에서 1,000만 원 이상까지도 필요하다. 따라서 비정기지출비와 비상금을 따로 모으기보다, 하나의 계좌에서 함께 관리하는 편이 훨씬 효율적이다.

비비 계좌에는 3개월 치 비정기지출비에 비상금 100~200만 원 정도를 더해 마련해두는 것을 추천한다. 예를 들어 앞서 살펴본 비정기지출 예시에서 가장 많은 달의 지출이 약 130만 원이라면, 그 3배인 390만 원에 여유 자금 200만 원을 더해 약 600만 원 정도를 비비 계좌에 유지하는 것이다. 돈을 사용하면 다시 채워 넣으면서 일정 금액을 꾸준히 유지하다. 여유가 된다면 비비 계좌 규모를 1,000만 원까지 늘려도 좋다.

이렇게 하면 처음부터 큰 목돈을 마련하지 않아도 되어 부담이 적고, 쓴 만큼만 채워 넣는 구조라 적게 쓴 달에는 저축이나 투자로 여유 자금을 돌릴 수 있다. 비정기지출과 비상금을 따로 관리하지 않고 한 번에 관리할 수 있다는 점도 큰 장점이다. 그래서 나는 이 방법을 가장 추천한다. 이처럼 고정지출, 변동지출, 비정기지출을 나누어 관리하다 보면 어느 순간 이런 생각이 든다.

'어차피 쓰는 금액은 같은데, 굳이 구분해서 관리해야 하나?' 만약 이런 의문이 들었다면 잘하고 있다는 뜻이다. 돈의 흐름을 인식하기 시작했다는 증거이기 때문이다.

결론부터 말하자면, 번거롭더라도 구분해서 관리하는 게 맞다. 수납장에 물건을 무작정 넣어두는 것보다, 수납바구니를 이용해 자리를 정해두면 훨씬 깔끔하고 찾기도 쉽다. 돈도 마찬가지다. 모든 지출을 한꺼번에 관리할 수도 있지만, 구분해서 관리하면 예산을 세우기 쉽고 어느 항목에 얼마를 쓰는지도 명확히 파악할 수 있다. 결과적으로 돈 관리를 더 잘할 수 있게 된다. 처음에는 돈을 구분하는 과정이 복잡하게 느껴질 수 있지만, 한 번 시스템을 만들어두면 오히려 훨씬 편하다.

또한 고정지출과 변동지출을 제외한 나머지를 비정기지출로 분류하다 보면, 변동지출은 줄었는데 비정기지출이 늘어난 듯한 착각이 들 수 있다. 그러면 또다시 '어차피 쓰는 금액은 같은데, 굳이 구분해서 관리해야 하나?'라는 의문이 든다. 같은 질문이지만 이번에는 답이 조금 다르다.

예를 들어 친구가 두 명 있다고 해보자. A는 평소엔 온화하지만 배가 고프면 예민해지고, B는 기분이 좋다가도 갑자기 화를 낸다. 어떤 포인트에서 기분이 변한 건지 몰라서 자꾸만 눈치를 보게 된다. 둘 중 누구와 있을 때 마음이 편할까? 대부분 A일 것이다. A의 감정은 예측이 가능하기 때문이다.

돈 관리도 마찬가지다. 고정지출과 변동지출은 예산을 세우고 생활하다 보면 점차 예측이 가능해진다. 조금의 차이는 있더라도 한 달에 우리 집이 얼마 정도 쓰는지 머릿속에 감이 잡히고, 그만큼 예산을 세우는 시간도 점점 줄어든다.

결국 비정기지출만이 돌발적으로 발생하는 소비라고 보면 된다. 다만 비정기지출도 항목을 미리 정리해두면 예상치 못한 지출에도 어느 정도 대비할 수 있다. 반대로 돈을 구분하지 않고 관리하면 모든 소비가 돌발 지출이 된다.

B친구가 배가 고파서 기분이 나쁜 건지, 내가 무슨 실수를 해서 화가 난 건지 알 수 없는 것처럼, 돈을 많이 써도 이유를 알 수 없고 적게 써도 어디서 아꼈는지 파악하기 어렵다.

따라서 돈은 반드시 고정지출, 변동지출, 비정기지출로 나누어 관리하는 것을 추천한다. 이 과정 자체가 우리 집의 지출 흐름을 스스로 읽어내는 연습이다. 지출의 성격을 정확히 아는 순간, 예산도 더 선명해지고 돈 관리의 기준도 흔들리지 않는다.

비정기지출 체크리스트

- ☐ 자동차가 두 대 이상이다.
- ☐ 일주일에 몇 번밖에 이용하지 않는 자동차가 있다.
- ☐ 자동차세를 분납하고 있다.
- ☐ 과태료를 자주 낸다.
- ☐ 여행은 늘 해외로 간다.
- ☐ 아직 쓸 만한데도 가전이나 가구를 자주 바꾼다.

🔍 체크리스트는 각 지출 항목에서 불필요하게 새고 있는 부분을 점검하기 위한 것이다. 모든 항목을 동시에 개선할 필요는 없다. 체크한 부분부터 우선순위를 두고 줄여나가면 된다.

과소비 지수로 소비 균형 잡고, 소득의 다양성 키우기

지금까지 우리 집의 돈 흐름을 정리하고 고정지출, 변동지출, 비정기지출로 나누어 살펴봤다면, 이제는 '소득 대비 소비 수준'을 숫자로 확인할 차례다. 그 기준이 바로 '과소비 지수'다. 이 지수는 전체 수입 중 소비가 차지하는 비율을 보여준다.

과소비 지수 = (월평균 수입 − 월평균 저축액) ÷ 월평균 수입

- 0.5~0.7 → 적절한 소비 수준
- 0.7~1 미만 → 다소 과소비 경향
- 1 이상 → 수입보다 지출이 더 많은 적자 상태

가장 이상적인 수치는 0.5 미만이다. 이 수치가 나왔다면 수입의 절반 이상을 저축하고 있다는 뜻으로 알뜰한 소비 습관을 갖고 있다는 긍정적인 신호로 볼 수 있다. 다만 과소비 지수의 적정 기준은 연령대나 가정의 상황에 따라 조금씩 다를 수 있다. 일반적으로 20대는 0.5 이하, 30대는 0.7 이하, 40대는 0.8 이하, 50대는 0.9 이하 정도면 무난하다.

과소비 지수는 수입 중 소비 비율을 보여주는 단순한 수치지만, 동시에 우리 집의 소비와 저축 구조가 얼마나 건강한지도 확인할 수 있는 지표다. 이를 통해 지출이 과도한지, 혹은 저축액이 지나치게 많은지 등 조정이 필요한 부분을 파악할 수 있다.

예를 들어 절약하고 있다고 생각하는데도 과소비 지수가 높게 나왔다면, 그건 소비의 문제가 아니라 저축액이 수입에 비해 지나치게 높게 잡혀 있을 수도 있다.

중요한 건 단순히 수치만 보는 것이 아니라, 왜 이런 결과가 나왔는지를 해석하는 일이다. 과소비 지수는 소비를 줄이기 위한 경고등이 아니라, 지출과 저축의 균형을 잡기 위한 방향표로 활용할 때 비로소 진짜 힘을 발휘한다.

이제 다음으로 할 일은 '수입'을 점검하는 것이다. 많은 사람이 "수입이 부족하다", "돈을 더 벌고 싶다"고 말한다. 그렇다면 수입을 늘리기 위해 무엇을 해야 할까? 물론 새로운 일이나 부수입원을 찾는 것도 중요하다. 하지만 그보다 먼저 해야 할 일이 있다. 바로 수입의 구조와 종류를 이해하는 것이다.

예전의 나는 '돈을 번다'는 일을 어딘가에 고용되어 일하는 것, 즉 근로소득으로만 여겼다. 결혼 전까지 줄곧 회사생활을 해왔기에 수입을 얻는 유일한 방법은 취업뿐이라고 믿었다. 회사에 들어가거나 파트타임 아르바이트라도 해야만 돈을 벌 수 있다고 생각했다.

도움받을 곳이 없어 아이를 직접 돌봐야 했던 나는 '지금은 돈을 벌 수 없다'는 결론에 다다를 수밖에 없었다. 경력 단절이 된 나를 뽑아줄 회사가 있을까 싶었고, 설령 취업하더라도 육아와 일을 동시에 해낼 자신이 없었다. 그런데 수입에도 여러 종류가 있다는 사실을 알게 된 뒤, 내 생각은 완전히 달라졌다.

소득은 크게 근로소득, 사업소득, 금융소득, 연금소득, 그리고 기타소득으로 나뉜다. 근로소득을 늘리기 어렵다면 사업소득을, 사업소득이 부담된다면 이자나 기타소득을 만드는 방법을 찾아보면 된다. 수입원을 근로소득 하나로 한정할 때와 여러 가능성을 인식할 때는 돈에 대한 사고방식이 완전히 달라진다.

소득의 종류와 예시

소득 종류	내용	예시
근로소득	타인에게 고용되어 일한 대가로 받는 소득	월급, 시급, 상여금 등
사업소득	사업을 하면서 발생하는 소득	자영업, 프리랜서, 임대료 등
금융소득	예금, 채권, 주식, 펀드 등 금융상품에 투자하고 운용하면서 발생하는 소득	예금이자, 채권이자, 주식 배당금, 펀드 수익 등
연금소득	일정 시점부터 정기적으로 지급받는 소득	국민연금, 퇴직연금, 개인연금 등
기타소득	일시적이거나 그 외 항목으로 분류되지 않는 소득	강연료, 원고료, 저작권료, 복권 당첨금 등

이 구조를 이해하는 순간, 수입을 얻는 방식이 꼭 정해진 형태일 필요는 없다는 걸 깨달았다. 그러자 '지금의 상황에서 내가 할 수 있는 일은 무엇일까'를 새롭게 고민하게 되었다. 특히 '외벌이 가정의 주부인 내가 집에서 아이를 돌보며 돈을 벌 수 있는 방법은 없을까?'라는 질문을 자주 떠올렸고, 가장 깊이 고민했다.

신기하게도 돈을 버는 방식에 대한 생각이 확장되었을 뿐인데, 그때부터 삶에 조금씩 변화가 일어나기 시작했다. 돈이 모이기 시작했고, 생활 속에서 수익을 늘릴 수 있는 아이디어도 하나둘 떠올랐다. '절약하기'에서 '더 벌기'로 관심의 방향이 자연스럽게 바뀌어가는 걸 느낄 수 있었다.

현재 우리 집은 남편의 회사 근로소득 외에도, 내가 운영하는 살림경영 아카데미 '더 미니멀'과 부동산 임대를 통해 사업소득을 얻고 있다. 저축과 투자로 인한 금융소득, 책을 쓰고 강의를 하며 얻는 기타소득도 조금씩 늘어나고 있다.

수입이 다양할 수 있다는 사실을 받아들이면, 누구나 수입을 늘릴 수 있다고 생각한다. 처음부터 큰돈을 벌어야 한다는 부담보다 '아직 내가 시도해보지 않은 수입원이 있다면 작게라도 도전해보자'는 마음이 더 중요하다.

우리 집도 마찬가지였다. 갑자기 하늘에서 돈이 떨어진 게 아니라, 1만 원에서 10만 원, 100만 원으로 정말 조금씩 늘려왔다. 그 과정에서 내가 실제로 실천했던 방법들은 〈Part 4. 돈 모으기〉의 '4분면 프레임워크로 부수입 만들기'에서 자세히 다루었다. 일상에서 실천할 수 있는 다양한 방법들을 찾아보고, 나에게 맞는 방식은 무엇일지 함께 고민해보자.

수입 체크리스트

☐ 현재 우리 집의 수입원은?
☐ 아직 시도해보지 않은 수입원 중, 작게라도 시도해볼 수 있는 것은?

부록. 고정지출의 핵심

당신의 보험, 지금 점검이 필요하다

보험료는 매달 빠져나가는 고정지출이지만, 정작 어떤 보험에 얼마를 내고 있는지 정확히 아는 사람은 많지 않다. 자동이체로 빠져나가다 보니 관리 대상에서 쉽게 제외되지만, 사실 보험료야말로 고정지출 중 큰 비중을 차지하는 경우가 많다.

특히 한 번 가입하면 수년에서 수십 년간 납입해야 하므로, 한 번의 판단이 장기적인 재정 안정성에 큰 영향을 미친다. 따라서 보험은 단순한 보장이 아니라, 반드시 점검해야 할 가계 구조의 핵심이다.

문제는 이렇게 꾸준히 내는 보험료가 얼마나 큰 금액인지조차 실감하지 못한다는 점이다. 적은 돈도 아니고, 수천만 원에 달하는 큰돈이다. 1~2만 원짜리 물건을 살 때는 가격을 비교하고 후기를 찾아보며 신중히 소비하지만, 수천만 원이 넘는 보험료는 대개 다른 사람의 말만 듣고 결정한다. 뒤늦게 후회하는 경우도 많고, 특히 초기에 해지하면 해지환급금이 납입액보다 훨씬 적을 수도 있다. 그럼에도 불구하고 또다시 남의 조언에 의존하며 같은 과정을 되풀이한다.

사람들이 이렇게 큰돈을 쓰면서도 쉽게 결정하는 이유는 보험에 대한 막연한 불안감 때문이다. 나와 가족에게 무슨 일이 생기면 감당할 수 없을 것 같다는 두려움 때문에 이미 보험이 있어도 또 다른 상품에 가입한다. 한 번 해지했다가도 '이러다 큰일 나면 어쩌지?' 하는 마음에 다시 새로운 보험을 선택한다. 누군가가 "이건 꼭 들어야 한다"라고 말하면 깊이 따져보지도 않고 덜컥 가입부터 해버린다. 마치 보험을 '보장 수단'이 아니라, 보상금을 돌려받기 위한 수단이나 '투자 상품'처럼 생각하는 경우도 많다.

하지만 보험은 그런 심리만으로 선택하기엔 지나치게 큰 지출이다. 한 번 가입하면 10년, 20년은 기본이고, 긴 시간 동안 빠져나가는 보험료 총액은 상상을 초월한다. "몇천만 원이라뇨? 저는 10만 원 정도만 내는데요?"라고 말할 수도 있다. 그러나 월 10만 원을 20년간 납입하면 총액은 2,400만 원이다. 가족 전체로 월 50만 원만 내도 20년 총액은 1억 2,000만 원, 60만 원이면 1억 4,400만 원이다. 다만 한 달에 조금씩 빠져나가다 보니 감각이 무뎌질 뿐, 결코 작은 금액이 아니다.

그렇다면 다른 사람들은 보험료로 얼마나 내고 있을까?

2006년 이후 보험(저축성보험 제외)에 가입한 40만 명의 보험료를 분석한 결과, '연령별 월평균 보험료'는 아래 그래프와 같았다. 연령이 높아질수록 보험료는 증가하다가 50대에 최고점을 찍고, 이후부터는 하락하는 경향을 보인다. 이 통계만 봐도 보험료가 결코 가볍게 볼 수 있는 지출이 아님을 알 수 있다.

나는 이 그래프를 보고 20대의 평균 보험료가 18만 원이라는 점에 놀랐다. 게다가 이는 저축성보험이 제외된 금액이라는 사실에 한 번 더 놀랐다. 고정지출 중 보험이 대출 상환금 다음으로 큰 비중을 차지하는 경우가 많다는 말이 결코 과장이 아님을 실감했다.

어떤 사람들은 이 그래프를 보고, 같은 연령대 평균보다 보험료가 적게 나간다는 이유로 보장이 부족한 건 아닌지 걱정하기도 한다. 때로는 이 데이터를 근거로 더 많은 보험 가입을 권유받기도 한다.

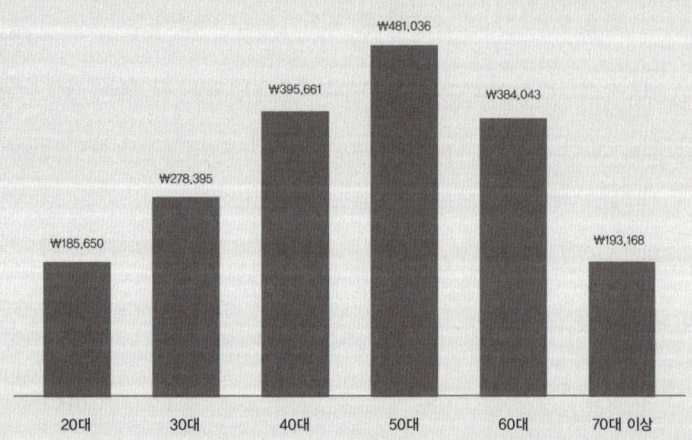

연령별 월평균 보험료

출처 : 시그널플래너(2021)

하지만 같은 연령층이라도 가족 구성이나 재정 상황은 모두 다르기 때문에 단순히 '평균 보험료'만으로 내게 맞는 적정 보험료를 판단할 수는 없다. 예를 들어 같은 30대라도 혼자 사는 사람과 자녀를 부양하는 사람의 보험료가 같을 수는 없다.

결국 중요한 건 평균 보험료가 아니라 나에게 맞는 '적정 보험료'를 아는 것이다. 이 둘의 차이만 명확히 이해해도, 남의 기준이 아닌 내 기준으로 보험을 점검할 수 있다. 반대로 그 차이를 모른 채 그래프만 보게 되면 괜히 불안해져 '내 보험이 부족한가?' 하는 마음이 들기 쉽다.

그렇다면 적정 보험료는 어떻게 정할 수 있을까? 보험에 대한 관점은 크게 두 가지로 나뉜다. 보험은 많을수록 좋다고 믿는 사람과 꼭 필요한 것만 최소한으로 가입해야 한다고 생각하는 사람이다. 이 두 관점을 모두 이해하고 있으면, 나에게 맞는 보험료 기준을 잡기가 한결 쉬워진다.

'금융감독원'에서는 보장성 보험료를 가처분소득의 5~8% 이내로 유지할 것을 권장한다. 이를 기준으로 연령별 평균 가처분소득을 적용해보면, 적정 보험료를 계산할 수 있다. 예를 들어 20대는 10~17만 원, 30대는 15~24만 원 정도가 적정 범위다. 40~50대는 가족 부양과 질병 위험이 커지기 때문에 보험료 비중이 다소 높아지고, 60대 이후에는 소득이 줄어드는 대신 단가

연령별 적정 보험료 가이드라인

연령	월소득의 5%	월소득의 8%
20대	10만 원	17만 원
30대	15만 원	24만 원
40대	18만 원	29만 원
50대	16만 원	26만 원
60대	12만 원	20만 원

출처 : 금융감독원 · 통계청 · 보험개발원 종합 기준(2024)
개인 상황에 따라 차이 있을 수 있음

가 올라 보험료 총액이 다시 조정된다.

　이 표는 어디까지나 재정 여력을 고려한 평균 가이드라인이지만, 현재 내 보험료 수준을 점검하는 데는 충분한 기준이 될 수 있다. 만약 이 범위를 훨씬 밑돈다면 보장이 부족할 가능성이 있고, 반대로 초과한다면 중복 보장이나 과도하게 가입되어 있을 수도 있다. 연령별 적정 보험료를 참고해 지금 우리 집의 보험이 소득과 상황에 맞게 설계되어 있는지 한 번 점검해보자.

　그리고 반드시 기억하자. 보험은 투자가 아니다. 보험료는 지출이다. 가계부를 쓸 때도 보험료를 고정지출로 기록하지 않는가? 그런데도 여전히 '저축하는 셈 치고 보험료를 낸다'는 사람들이 많다. 하지만 보험은 결코 투자 개념으로 접근해서는 안 된다. 그 이유는 바로 보험료의 구조 때문이다.

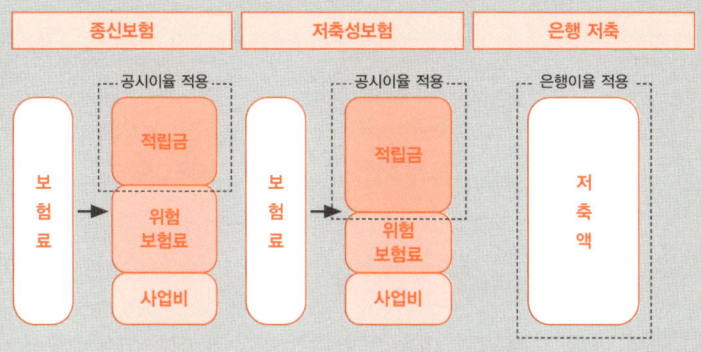

출처 : 금융감독원

우리가 내는 보험료는 적립보험료, 위험보험료, 사업비로 구성된다. 이 중 사업비는 보험회사의 운영비와 설계사 수당 등을 포함하며, 보험사마다 다르지만 약 10~14% 정도로 책정되어 있다. 즉, 우리가 매달 보험료를 납부할 때마다 그중 10~14%는 보험사 몫으로 빠져나가는 셈이다. 단순 계산으로만 봐도, 최소 10% 이상의 수익을 내야 비로소 본전을 맞추는 구조라고 볼 수 있다.

하지만 생각해보자. 연 10~14%의 수익을 꾸준히 내는 게 과연 쉬운 일일까? 예금·적금만으로는 낭연히 불가능하고, 투자를 해야 가능한 수익률이다. 그러나 장기간 10~14% 이상 꾸준히 수익을 낸다는 건 전문 투자자에게조차 결코 쉽지 않은 일이다. 따라서 보험을 '투자'라고 생각하기보다, 애초에 돌려받지 않는 '지출'로 인식하는 것이 현실적이다. 보험료는 수익을 내기 위한 돈이 아니라, 위험을 대비하기 위한 필요비용이라는 점을 잊지 말자. 이제 실제로 내가 가입한 보험료 구조를 하나씩 점검해보자.

첫째, 적립보험료부터 점검하자

앞서 말했듯, 우리가 내는 보험료는 적립보험료, 위험보험료, 사업비 세 가지로 구성된다. 이 중 '적립보험료'는 말 그대로 매달 꼬박꼬박 적립되는 금액으로, 이것이 쌓여 만기환급금이나 해지환급금이 된다. 보험 광고에서 자주 볼 수 있는 '만기 시 납입한 보험료를 돌려드립니다'라는 문구도 사실은 이 적립보험료를 가지고 있다가 돌려준다는 의미다. 그런데 결론부터 말하자면, 이 적립보험료는 많이 낼수록 오히려 손해가 될 수 있다. 왜냐하면 이 돈은 실제 보장에 쓰이지 않고, 낮은 금리로 장기간 묶이기 때문이다. 가능하면 아예 없거나 최소한으로 두는 게 좋다.

내가 만난 한 수강생은 매달 보험료로 9만 원을 내고 있었는데, 보험증권을 확인해보니 그중 7만 원이 적립보험료였다. 즉 실제 보장에 쓰이는 금액은 2만 원에 불과했고, 나머지 7만 원은 단순히 '저축' 명목으로 보험사에 맡기고 있었던 것이다.

현재 물가로 7만 원이면 가족이 외식을 하거나 옷 한 벌을 살 수도 있는 금액이다. 그런데 이 돈을 100세 만기 보험에 넣는다면 어떨까? 100세가 되어야 겨우 돌려받는 돈인데, 그때는 물가가 올라 지금의 7만 원이 간식값 정도밖에 되지 않을 수도 있다.

또 하나 짚고 넘어가야 할 사실은, 우리가 흔히 믿는 '100세 시대'라는 말이 생각보다 과장되어 있다는 점이다. '통계청'이 발표한 기대수명 자료에 따르면, 2023년 출생자의 기대수명은 남자 80.6세, 여자 86.4세로 평균 83.5세다. 즉, 이 수치는 지금을 살아가는 우리의 기대수명이 아니라, 2023년에 태어난 아이들이 평균적으로 살게 될 것으로 예측되는 수명이다.

당신이 1980년대생이라면 기대수명은 남자 61.9세, 여자 70.4세이고, 1990년대생이라면 남자 67.5세, 여자 75.9세로 조금 높아진다. 이 수치는 '해당 연도에 태어난 출생자가 출생 직후부터 생존할 것으로 기대되는 평균 생존 연수'를 의미한다. 따라서 실제로는 이보다 짧을 수도 있고, 더 길 수도 있다. 다시 말해, 이 수치는 태어날 당시의 기대수명일 뿐, 현재 나이대의 사람들에게 적용되는 '남은 기대여명'과는 다르다.

100세까지 사는 것은 생각보다 드물며, 설령 그 나이에 도달하더라도 그때 돌려받는 돈의 가치는 이미 지금보다 크게 떨어져 있을 가능성이 높다. 그렇다면 당연히 그 돈을 적립보험료로 장기간 묶어두기보다는, 필요한 시기에 꺼내 쓸 수 있는 저축이

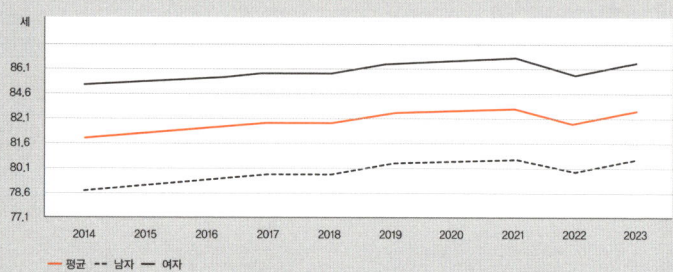

출처 : 통계청(KOSIS 국가통계포털, 생명표)

나 투자로 운용하는 편이 훨씬 현명하다.

지금 당장 보험증권을 펼쳐 보자. 보험료 항목에 '적립보험료'가 기재되어 있다면, 바로 보험사에 연락해 0원으로 조정하거나 가능한 한 최저로 낮춰 달라고 요청하자. 이 작은 실천 하나가 앞으로 수백만 원을 지켜주는 현명한 선택이 될 것이다.

둘째, 건강체 할인을 꼭 챙기자

'건강체 할인'은 보험사에서 정한 일정한 건강 조건을 충족할 경우, 보험료를 할인해주는 제도다. 다만 모든 보험사에 동일하게 적용되는 것은 아니다. 보험사마다 조건이 다르기 때문에 내가 직접 문의해야 한다.

예를 들어, A보험사는 비흡연자에게 보험료의 15%를, B보험사는 치아보험 가입자 중 비흡연자에게 최대 33%의 보험료를 할인해준다. 또 C보험사는 콜레스테롤, 혈압, 체질량, 당뇨 수치를 확인해 건강체로 판정되면 최대 30~40% 수준의 할인을 적용하기도 한다. 이처럼 기준은 보험사마다 다르지만, 조건을 충족하면 보험료를 크게 줄일 수 있다.

놀라운 점은, 내가 만난 어떤 설계사도 이 제도를 먼저 알려준 적이 없었다는 것이다. 결국 소비자인 내가 직접 묻고 챙겨야만 받을 수 있는 혜택이다. 보험은 장기간 납부해야 하는 고정지출이다. 그러니 조금이라도 줄일 수 있을 때 미리 줄여두는 것이 가장 확실한 절약이다.

셋째, 갱신형 보험 여부를 확인하자

요즘은 갱신형보다 비갱신형 보험이 더 유리하다는 사실을 아는 사람이 많다. 그럼에도 여전히 갱신형으로 가입하는 경우가 많은 이유는 간단하다. 바로 보험료가 부담되기 때문이다. 같은 보장을 받더라도 비갱신형보다 갱신형의 월 납입액이 훨씬 저렴하기 때문이다.

보험 상담을 받을 때 보험료가 부담스럽다고 말하면, 설계 과정에서 같은 보장을 갱신형으로 바꿔서 다시 제안하는 경우가 있다. 안타깝게도 나 역시 그런 경험이 있다. 태아보험을 알아보던 중 지인에게 견적을 받았는데, 보험료가 부담된다고 말하자 기본계약을 제외한 거의 모든 특약을 갱신형으로 바꿔 다시 제시한 것이다. 그때는 내가 보험에 대해 잘 모를 때라, 단지 줄어든 금액만 보고 가입하려 했다. 다행히 마지막에 증권을 꼼꼼히 살펴보다가, 비갱신형으로 알고 있던 내용이 전부 갱신형으로 바뀌어 있었다는 사실을 확인했다. 결국 다른 설계사에게 비갱신형으로 다시 설계받아 가입했다.

만약 그때 정을 생각해서 그대로 가입했다면, 아마 '내가 꼼꼼히 확인하지 않고 가입했다'는 반성보다, 믿었던 사람에게 충분한 설명을 듣지 못했다는 아쉬움이 남았을 것이다. 그리고 그 아쉬움은 시간이 지나면서 '속은 건 아닐까' 하는 후회로 바뀌었을지도 모른다. 물론 오랜만에 연락왔던 그 지인은 내가 보험에 가입하지 않자 그 이후로 한 번도 연락이 없었다. 하지만 이런 일은 결코 나만의 이야기가 아니다. 주변에서도 비슷한 일을 겪었다는 말을 정말 많이 듣는다.

갱신형보다 비갱신형을 추천하는 이유는 명확하다. 갱신형은 처음에는 보험료가 저렴하지만, 시간이 지날수록 보험료가 인상될 가능성이 높기 때문이다. 나이가 들수록 질병 위험이 커지고, 그만큼 보험사가 요구하는 금액도 증가한다. 따라서 처음부터 비갱신형으로 세팅해두는 것이 장기적으로 훨씬 유리하다.

그런데 비갱신형 보험이라고 해도, 중간에 갱신형 특약이 포함된 경우가 있다. 이 부분에서 많은 사람이 혼란스러워한다. 예를 들어, 20년 납 100세 만기 상품을 가입했다고 가정해보자. 20년만 납입하면 100세까지 보장받을 수 있다는 점까지는 이해했을 것이다. 그런데 증권을 쭉 훑어보니 중간에 [(갱신형)질병수술비_5년 갱신] 이라는 특약이 보인다. 분명 비갱신형으로 가입했는데 왜 이건 '갱신형'이라고 써 있을까? 그렇다면 이 보장은 몇 년 동안 납입해야 하는 걸까?

정답은 100세까지다. 가입 후 증권을 한 번도 들여다보지 않은 사람이라면 아마 중간에 들어 있는 갱신형 특약의 존재조차 몰랐을 가능성이 크다. 또한 20년 납 상품이니까 '5년마다 갱신이면 20년 동안 총 4번만 갱신되는구나' 하고 오해하는 경우도 많다. 그래서 강의 현장에서 이 부분을 설명하면 다들 '헉' 하고 놀란다.

[(갱신형)질병 수술비_5년 갱신]이라는 문구는 100세까지 5년마다 보험료가 재산정되며 납부가 이어진다(대체로 인상)는 뜻이다. 즉, 다른 비갱신형 보장 항목들은 20년 뒤 납입이 끝나지만, 이 갱신형 특약만큼은 100세까지 보험료를 계속 내야 한다. 그리고 그 부담은 나이가 들수록 더 커질 수 있다.

따라서 만 60세 이전이라면 가급적 비갱신형으로 가입하는 것을 추천한다. 설계사에게만 의존하지 말고, 증권을 직접 살펴 갱신형 특약이 섞여 있지 않은지 꼼꼼히 확인한 뒤 가입하자.

그렇다면 만 60세 이후에 보험을 가입하는 경우는 어떻게 해야 할까? 이 시기에는 보험료 자체가 높기 때문에 비갱신형으로 가입하려면 부담이 클 수 있다. 이럴 때는 10년 또는 20년 갱신형 상품으로 상대적으로 저렴하게 가입한 뒤, 갱신 시점에 보험을 유지할지 해지할지를 선택하는 방식을 추천한다.

60대 이후에는 경제 활동이 줄어드는 만큼, 매달 꾸준히 보험료를 납부하는 일 자체가 큰 부담이 될 수 있다. 따라서 한 번에 완벽한 선택을 하려 하기보다 현재의 여력에 맞게 유연하게 조정할 수 있는 구조로 설계하는 것이 현실적이다.

넷째, 입원일당을 점검하자

이 부분에 대한 조언은 아주 간단하다. 보험증권에서 '입원일당'이라는 문구를 발견했다면, 삭제를 고려해보자. 입원일당은 보험료 대비 가성비가 낮은 담보 중 하나이기 때문이다.

물론 입원일당 특약에 가입되어 있으면, 실손보험금과 함께 추가로 보험금을 받을 수 있다. 하지만 실제 구조를 보면, 3만 원의 입원일당(1일 이상)을 받기 위해 매달 1만 원 안팎의 보험료를 내야 한다. 즉, 3개월에 한 번꼴로 입원해야 본전이 되는 셈이다.

문제는 보험료를 내는 젊은 시절에는 입원할 일이 거의 없고, 나이가 들어 입원할 시기에는 돈의 가치가 이미 떨어져 있다는 점이다. 10년 전 3만 원과 지금의 3만 원이 다르듯, 노년이 되었을 때 3만 원의 실질 가치 역시 훨씬 낮아질 것이다. 받는 금액은 똑같지만 실질적인 도움은 점점 줄어드는 셈이다.

나도 보험을 공부하면서 수많은 보험 관련 책을 읽었다. 대부분 설계사들이 쓴 책이었는데, 공통적으로 강조하는 내용이 있었다. 바로 '입원일당은 삭제하라'는 조언이었다. 실제 보험 리모델링을 할 때도 설계사들이 자주 조정하는 항목 중 하나가 바로 이 입원일당이기도 하다. 질병 입원일당, 상해 입원일당, 중환자실 입원일당 등 이름 뒤에 '입원일당'이라는 말이 붙어 있다면 삭제를 우선적으로 고려하자. 차라리 그 금액으로 저축을 늘리거나, 실질적으로 도움이 되는 보장 항목의 담보를 높이는 편이 훨씬 현명하다.

다섯째, 주요 보장이 모두 들어있는지 확인하자

보험은 단순히 많이 가입하는 것보다, 꼭 필요한 보장을 제대로 갖추는 것이 훨씬 중요하다. 그렇다면 '꼭 필요한 보장'이란 무엇일까? 대표적으로 '실손의료보험'과 '3대 진단비(암, 뇌, 심장)'가 있다.

가장 우선적으로 가입해야 할 보험은 단연 '실손의료보험'이다. 줄여서 '실손보험' 또는 '실비보험'이라고도 부르며, 모두 같은 말이다. 이 보험은 질병이나 상해로 인해 발생한 실제 치료비와 약제비를 보장해주는 상품이다.

가입 시기에 따라 1세대부터 4세대까지 구분되며, 현재는 4세대 상품으로만 가입이 가능하다. 모든 보험사가 동일하게 1년 단위 갱신형으로 운영한다. 따라서 굳이 설계사를 통하지 않고 다이렉트 상품으로 가입하면, 같은 조건에서도 더 저렴한 보험료로 가입할 수 있다.

세대별 실손의료보험 비교

	1세대	2세대	3세대	4세대	5세대
가입 시기	~2009년 9월	2009년 10월 ~2017년 3월	2017년 4월 ~2021년 6월	2021년 7월 ~현재	2026년 6월 이후 예정
자기 부담금	0~20%	10~20%	10~30%	20~30%	
갱신 주기	1~5년	1~3년	1년	1년	
재가입 주기	없음	15년(2013년 이전까지는 없음)	15년	5년	

출처 : 금융위원회, 보험연구원

실손의료보험 다음으로 중요한 것은 '3대 진단비'다. 진단비 보장이 없는데 보험료를 많이 내고 있다면, 보험 구조가 잘못되어 있을 가능성이 크다. 꼭 필요한 보장들은 빠져 있고, 불필요한 특약만 잔뜩 들어 있을 확률이 높기 때문이다.

진단비는 암, 뇌혈관질환, 심장질환 세 가지가 모두 포함되어야 잘 설계한 보험이라고 할 수 있다. 이를 줄여서 '3대 진단비'라고 부르며 '암, 뇌, 심'이라고 기억하면 쉽다. 이 세 가지가 반드시 포함되어야 하는 이유는 단순하다. 생명과 직결된 질병이기 때문이다. 그래서 보험료도 상대적으로 높은 편이지만, 실질적인 보장 효과는 가장 크다.

간혹 "진단비가 왜 중요한가요? 치료비가 더 중요한 거 아닌가요?"라고 묻는 사람들이 있다. 하지만 큰 병에 걸렸을 때 진짜 중요한 건 치료비 자체가 아니라, 치료하는 동안의 생활비 공백을 메울 수 있느냐다. 암, 뇌혈관, 심장질환처럼 장기 치료가 필요한 질병일수록, 많은 사람들이 치료에 집중하느라 소득이 중단될 가능성이 크기 때문이다. 이때 진단비는 단순한 보장이 아니라, 치료와 생계를 이어주는 최소한의 안전망이 된다.

삼성서울병원 암교육센터 조주희 교수, 임상역학연구센터 강단비 교수, 삼성융합의과학원 심성근 박사 연구팀과 화순전남대병원이 공동으로 진행한 연구에 따르면, 암 생존자의 24%가암 진단 후 직장을 잃었다고 답했다. 즉, 완치가 되더라도 4명 중 1명은 실직을 경험한다는 의미다.

치료비는 실손의료보험으로 어느 정도 대비할 수 있지만, 문제는 생계 유지다. 소득이 끊기면 당장 생활비가 부족해지므로 이때 진단비가 생계의 버팀목 역할을 한다. 따라서 3대 진단비가 모두 포함되어 있는지, 보장 금액은 충분한지, 갱신형은 아닌지를 반드시 꼼꼼히 확인해야 한다.

또한 암 진단비는 일반적으로 고액암, 일반암, 소액암(유사암)으로 구분된다. 만약 '암 진단비'가 세분화 없이 표기되어 있고, 암의 종류와 관계없이 동일한 금액을 지급하는 구조라면 가장 단순하고 좋다. 다만 최근 상품은 대체로 유사암(일부 갑상선암·기타 피부암 등) 지급액을 줄이는 구조가 많다. 따라서 신규 가입이나 보험 리모델링 시에는 유사암 보장 비율이 지나치게 낮거나 보장 범위가 과도하게 제한적인 상품은 피하는 것이 좋다.

한편 뇌혈관질환 진단비는 뇌혈관질환, 뇌졸중, 뇌출혈 진단비로 구분된다. 그림을 보면 각 항목의 보장 범위를 쉽게 이해할 수 있다.

우리는 설계사가 아니기에 진단코드나 세부 병명까지 모두 알 필요는 없다. 하지만 그림만 봐도 뇌혈관질환 진단비의 보장 범위가 가장 넓다는 것을 쉽게 알 수 있다. 확인 방법은 간단하다.

보험증권에서 '뇌혈관질환 진단비' 또는 '뇌졸중 진단비'라고 적혀 있다면 괜찮다. 그러나 '뇌출혈 진단비'만 있다면 보장이 부족하다고 봐야 한다. 그 이유는 뇌출혈 진단비에는 뇌경색이 포함되지 않기 때문이다. 특히 뇌경색의 발병률은 뇌출혈보다 5배 이상 높다. 따라서 진단비를 제대로 준비하려면 뇌경색까지 포함하는 '뇌졸중 진단비' 이상으로 가입하는 것이 좋다.

물론 보장 범위가 넓어질수록 보험료는 다소 높아지지만, 그만큼 실제 발생 확률이 높은 질환을 대비할 수 있다는 점에서 진단비만큼은 제대로 준비할 필요가 있다.

한편 심장질환 진단비는 허혈성심장질환과 급성심근경색증으로 구분된다. 급성심근경색증 진단비만 있어도 일정 부분 보

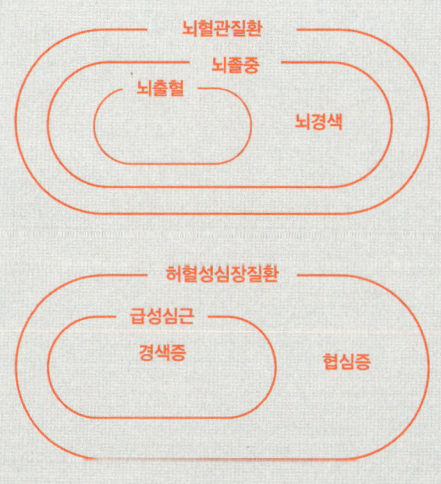

장은 되지만, 가능하다면 허혈성심장질환까지 포함된 상품을 선택하는 것이 더 좋다. 그 이유는 급성심근경색증보다 협심증 등 허혈성심장질환의 발생률이 훨씬 높기 때문이다.

이렇게 진단비 항목을 구체적으로 이해해야 하는 이유는 단 하나다. 내가 가입한 보험이 제대로 설계되어 있는지 스스로 점검할 수 있어야 하기 때문이다.

예를 들어 설계사가 '뇌출혈 진단비'까지만 넣어준 경우, 기초 지식이 있다면 "뇌혈관 관련 보장은 왜 여기까지만 넣어주셨나요?"라고 물을 수 있다. 이 질문 하나만으로도 설계사와의 대화 흐름이 달라진다. 대부분의 설계사는 "예산에 맞추려면 보장을 낮출 수밖에 없었다"거나 "다른 보험에서 이미 보장되고 있어서 추가할 필요가 없다"고 답할 것이다. 이처럼 소비자가 기준을 알고 묻기 시작할 때, 비로소 한 번 가입하는 보험을 제대로 설계할 수 있다.

반면 아무런 지식이 없다면, '알아서 잘 해주겠지'라는 막연한 믿음에 의존할 수밖에 없다. 하지만 실제로는 뇌출혈 진단비만 가입된 경우도 많고, 이를 뇌혈관질환 진단비처럼 모든 뇌질환을 보장한다고 착각하는 사례도 적지 않다.

그러니 지금이라도 보험증권을 꺼내 확인해보자. 3대 진단비가 모두 포함되어 있는지, 각각의 보장 범위는 어디까지인지 반드시 확인하자.

만약 보장은 부족한데 보험료만 과도하게 내고 있다면, 지금이 바로 보험 리모델링을 시작해야 할 때다. 위의 기준들만 정확히 알고 있어도, 보험료는 줄이고 보장은 더 탄탄하게 만들 수 있다.

여섯 번째, 종신보험보다는 정기보험을 선택하자

기혼자라면 실손의료보험과 진단비 보험 외에 반드시 '사망보험'에 가입할 것을 추천한다. 특히 가장이라면 필수다. 불의의 사고로 가장이 사망할 경우, 남겨진 가족의 생계를 일정 기간이라도 유지할 수 있어야 하기 때문이다.

반대로 부양가족이 없는 사람이라면 굳이 사망보험에 가입할 필요는 없다. 생계를 책임져야 할 대상이 없으니 진단비, 치료비, 간병비 등 살아 있는 동안 직접 보장받을 수 있는 항목에 집중하는 편이 훨씬 효율적이다.

사망보험은 '종신보험'과 '정기보험'으로 나눌 수 있다. 이 중 내가 추천하는 것은 정기보험이다. 두 보험 모두 '사망 시 보험금을 지급한다'는 점에서는 같지만, 보장 기간과 보험료에서 큰 차이가 있다.

종신보험은 언제 사망하더라도 보험금이 지급되는 반면, 정기보험은 정해진 기간 동안만 보장된다. 예를 들어 70세 만기로 가입했다면 70세 이전에 사망할 경우에는 보험금이 지급되지만, 70세 이후에 사망하면 보험금이 지급되지 않는다.

보장 기간만 보면 종신보험이 훨씬 유리해 보일 수 있다. 언제 사망하더라도 보장받을 수 있기 때문이다. 하지만 그만큼 보험료 부담이 크다.

실제로 같은 1억 원의 사망보장을 기준으로 비교해보면, 정기보험은 월 1~2만 원 수준이지만 종신보험은 최소 10만 원대 이상으로, 10배나 넘게 차이가 난다. 따라서 같은 사망보장이라면 종신보험보다 정기보험이 훨씬 합리적이다.

또한 대부분의 사람들이 사망보험에 가입하는 이유는 단순하다. 부양가족, 특히 자녀가 어릴 때 혹시라도 부모가 사망할 경우를 대비하기 위해서다. 따라서 자녀의 독립 시점을 고려해 60세 또는 70세 만기 정기보험으로 가입하면 충분하다. 반면 자녀가 이미 독립했거나, 사망 이후 장례 비용 마련이나 상속세 절감 등 자산관리 목적으로 접근한다면, 그때는 종신보험을 선택하는 것도 고려할 수 있다.

다만 내 경험상, 지금까지 강의에서 만난 수강생들의 대부분은 본인의 장례 비용이나 상속보다, 남겨질 가족의 생계 보장을

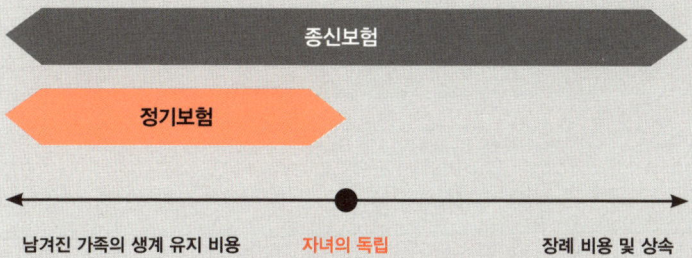

이유로 사망보험에 가입했다. 이런 목적이라면 종신보험보다는 정기보험이 훨씬 현실적인 선택이다.

정기보험은 '보험다모아' 사이트에서 보험료를 비교한 뒤, 다이렉트로 가입하는 것이 가장 저렴하다. 자녀의 독립 시점을 기준으로, 부모의 나이가 60세라면 60세 만기, 70세라면 70세 만기로 설정하면 된다.

참고로 실손의료보험, 정기보험, 자동차보험은 보장 구조가 법이나 제도로 표준화되어 있어 보험사 간 차이가 거의 없다. 따라서 이 세 가지는 다이렉트로 가입하는 것이 유리하다.

PART 4

돈 모으기

관점을 바꾸면
푼돈이 목돈이 된다

돈이 안 모이는 진짜 이유

왜 우리는 돈을 모으려고 해도 자꾸만 실패할까?

가계부를 써보기로 마음먹고, 절약도 해보고, 적금도 들어봤지만 어느 순간 흐지부지되고 마는 경험은 누구나 한 번쯤 겪어봤을 것이다. 나 역시 그랬다. 회사에 입사해 받은 첫 월급으로 적금을 들었을 때, 결혼을 앞두고 진지하게 돈을 모아야겠다고 다짐했을 때, 아이를 임신하고 출산하며 '이번엔 정말 모아야겠다'고 결심했을 때가 있었다. 하지만 생각보다 그 다짐은 오래가지 않았다. 결과는 늘 세사리였다.

물론 그조차 하지 않았다면 더 모으지 못했겠지만, 처음 마음먹은 만큼 큰돈을 모은 적은 없었다. 지금 돌이켜보면, 실패의 원인은 단순한 의지 부족이 아니었다. 그 안에는 몇 가지 공통된 이유가 있었다.

첫째, 목표가 명확하지 않았다.

'돈을 모아야겠다'는 마음은 있었지만, 얼마를 모아야 하고 왜 모아야 하는지조차 명확하지 않았다. 그저 남들이 하니까, 다들 돈을 모아야 한다고 하니까 나도 해야 할 것 같은 마음이었다. 목표 금액도, 기간도, 이유도 없으니 동기부여가 약할 수밖에 없었다. 마치 목적지도 없이 여행을 떠나는 것과 같았다. 처음엔 의욕이 넘치지만 시간이 지날수록 지치고, 결국 방향을 잃게 된다.

'언젠가 쓸 돈'을 모으는 것보다 '내년 봄까지 전세 자금 5,000만 원을 모으자', '올해 말까지 연금저축펀드 600만 원을 채우자'처럼 구체적인 목표와 기한이 있을 때 훨씬 더 집중할 수 있다.

둘째, 남는 돈을 저축하려고 했다.

부모님께 용돈을 받아 쓰다가 드디어 월급을 받았을 때, '이제는 나도 내 돈으로 자유롭게 쓸 수 있다'는 생각에 들떴다. 퇴근하면 친구들과 맛있는 걸 먹으며 스트레스를 풀었고, 출근할 때 입을 옷이 없다며 쇼핑도 자주 했다.

다행히 부모님 조언 덕분에 첫 월급을 받은 달 직접 은행에 가서 적금에 가입하긴 했지만, 당장은 자유롭게 쓰고 싶은 마음이 커서 최소 금액으로만 가입했다. 그리고 '남는 돈이 생기면 더 넣으면 되지'라고 생각했다.

하지만 신기하게도 그 '남는 돈'이라는 건 매번 없었다. 예상치 못한 지출은 늘 생겼고, "이번 달은 어쩔 수 없지"라는 말은 매달 반복됐다. 한 달에 한 번쯤은 친구 생일과 특별한 외식이 있었고, 꼭 그달엔 세일도 많았다. '이번 달 고생한 나를 위한 선물'이라며 셀프 선물도 빠지지 않았다. 이렇게 예외라는 핑계가 매달 있다 보니 저축은 늘 뒤로 밀렸다.

다이어트를 하며 '내일부터 해야지' 하는 사람이 늘 실패하듯, '남는 돈으로 저축하자'는 생각으로는 절대 돈이 모이지 않는다. 결국 답은 '선저축'이었다. 저축이 소비보다 먼저, 즉 우선순위가 되어야 한다는 사실을 취업 2년 차에 깨달았고, 그때부터는 선저축 후지출을 실천할 수 있었다.

셋째, 물욕이 너무 많았다.

돈을 모으고 싶은 마음도 있었지만, 동시에 갖고 싶은 것도 많았다. 당장 필요한 것도 사고 싶은 것도 많았다. 그때는 하나같이 꼭 필요한 지출처럼 느껴졌지만, 돌이켜보면 굳이 사지 않아도 됐던 것들이 대부분이었다.

특히 '가성비 쇼핑'이라며 할인 쿠폰을 찾아가며 샀던 물건들은 생각보다 오래 쓰지 않았다. 그중 몇 개는 정말 만족스러웠지만, 그런 물건들이 하나둘 쌓이다 보니 결국 내 월급을 야금야금 갉아먹고 있었다. 물론 그 시절의 시행착오 덕분에 지금은 물긴을 보는 안목도 높아지고 소비 기준도 생겼다. 하지만 당시의 나는 모으는 것보다 쓰는 쪽을 훨씬 더 쉽게 선택하던 사람이었다.

넷째, 돈을 모으는 이유가 삶과 연결되지 않았다.

'왜 돈을 모아야 하는가?'라는 질문에 똑 부러지게 답하지 못하면, 점점 돈을 모으는 일에 흥미를 잃게 된다. 목표 금액이 아무리 명확해도 그 돈이 내 삶의 어떤 장면과 연결되는지 구체적으로 그려지지 않으면 동기부여는 오래가지 않는다.

예를 들어 '내 집 마련을 위해 1억을 모으자'는 목표는 단순한 숫자가 아니라 '전세 걱정 없이 안정적으로 살고 싶다'는 삶의 욕구와 연결될 때 비로소 힘을 가진다. '노후 자금을 위해 연금저축펀드에 매년 600만 원씩 넣자'는 목표 역시 먼 미래의 불확실함이 아니라, 지금 내가 할 수 있는 준비라는 안도감으로 바뀌어야 지속된다.

나 역시 돈을 모으는 이유를 '우리 가족이 돈 때문에 선택을 못 하거나 후회하는 일을 줄이기 위해서'라고 정했다. 그 이유를 마음속에 반복해서 되새기다 보니, 소비의 유혹이 닥쳐도 중심을 잃지 않을 수 있었다.

돈을 모은다는 건 단순히 숫자를 늘려가는 일이 아니다. 그 숫자에 '내가 어떤 삶을 살고 싶은가'라는 의미가 연결될 때 비로소 흔들리지 않고 꾸준히 모을 수 있다.

돈을 모으지 못했던 이유는 내가 게을러서도, 단순히 의지가 약해서도 아니었다. 너무나도 당연하게 '돈을 모아야지' 하고 시작했지만, 사실은 돈을 모을 준비조차 되어 있지 않았던 것이다. 목표는 흐릿했고, 방식은 엉뚱했으며, 동기는 약했고, 마음은 준비되지 않았다.

월급을 받으면 적금에 돈을 넣었지만, 그 돈은 언제든 꺼내 쓸 수 있는 비상금처럼 되어버리기 일쑤였다. 예를 들어, 월 20만 원씩 적금을 들면 1년이면 240만 원이 모인다. 결코 작은 돈은 아니지만, 이상하게도 적금 만기가 돌아올 즈음엔 꼭 쓸 일이 생겼다. 노트북을 사야 한다든가, 휴대폰을 바꿔야 한다든가 하는 이유였다. 그리고 그럴 때마다 '이럴 때 쓰려고 모은 거지'라는 자기합리화와 함께 쉽게 깨서 썼다. 그렇게 작은 돈은 언제나 쉽게 무너지고 사라졌다.

그래서 나는 어느 순간부터 '얼마를 모을까'보다 '어떤 태도로 모을까'를 먼저 생각하게 됐다. 월 20~30만 원을 저축하는 목표가 아니라, 손도 대기 어려울 만큼 크고 단단한 목표가 필요했다. 그게 바로 내게는 5,000만 원이었다. 그 돈은 지금으로 치면 1억 원에 버금가는 가치였다. 단순히 금액이 크다는 의미가 아니다. 그 목표는 돈을 모으는 사람의 태도와 습관을 완전히 바꿔주는 심리적 기준선이 되어준다.

그런 의미에서 나는 '1억'이라는 기준 금액을 제시하려고 한다. 이 금액은 단순한 숫자가 아니라, 우리의 소비 태도와 재정 마인드를 바꾸는 상징적인 목표가 될 수 있다. 지금 당장은 손에 닿지 않을 만큼 멀게 느껴질 수도 있다. 그러나 바로 그 거리감이 진짜로 돈을 모으는 연습을 시작하게 만드는 적당한 무게감이자 동기가 된다.

어떤 사람에게는 내 집 마련의 종잣돈이 될 수도 있고, 어떤 사람에게는 경제적 자유를 향한 첫걸음이 될 수도 있다. 중요한 것은 내 삶에 맞는 '1억의 의미'를 스스로 정의하는 것이다. 그리고 그 이유를 마음속에 깊이 새겨야 한다. 그것이 돈 모으기의 진짜 출발점이다.

푼돈으로 할 수 있는 것들

이제부터는 '1억'이라는 목표에 어떻게 다가갈 것인가를 고민해볼 차례다. 이 돈은 하루아침에 만들어지는 게 아니다. 중요한 건, 지금 당장 내 손에 들어오는 작은 돈을 어떻게 다루느냐다.

우리는 흔히 '1억'이라는 숫자를 들으면, 큰돈을 벌어야 가능한 일처럼 느낀다. 하지만 그렇지 않다. 진짜 중요한 건 지금 있는 돈으로도 시작할 수 있다는 믿음과 태도다. 지금까지는 푼돈을 '모으기 애매한 돈', '쉽게 써도 되는 돈'으로 여겼다면, 이제부터는 ㄱ 푼돈이야말로 1억을 향한 첫걸음임을 알아야 한다.

푼돈으로 떠나는 해외여행

나 역시 처음에는 절약부터 시작했다. 신용카드를 없애고, 가계부를 쓰며 매일 잔액을 확인했다. 냉장고 파먹기를 하며 소비를 점검하다 보니 점점 생활비가 줄어드는 게 눈에 보였다. 변화가 보이니 절약 생활도 점점 더 재미있어졌다.

그런데 어느 순간, 절약만으로는 한계가 있다는 걸 깨달았다. 처음엔 줄어드는 지출이 눈에 띄었지만, 시간이 갈수록 변화의 폭이 줄고 흥미도 떨어졌다. 허리띠를 더 졸라매면 지출을 조금 더 줄일 수 있었겠지만, 내가 원했던 건 그런 극단적인 절약이 아니라 낭비되는 돈을 줄이는 것이었다.

그때부터는 '어떻게 하면 수입을 늘릴 수 있을까?'를 고민했다. 아이들을 돌봐줄 사람이 없어 일을 시작하기 어려운 상황이었기에, '외벌이 가정의 주부인 내가 집에서 아이를 돌보며 돈을 벌 수 있는 방법은 없을까?'를 계속 생각했다. 신기하게도 '지출 줄이기'에서 '수입 늘리기'로 관심을 돌렸을 뿐인데, 돈이 조금씩 모이기 시작했다. 그러자 생활 속에서 수익을 늘릴 수 있는 다양한 아이디어가 하나둘 떠올랐다.

물론 하루아침에 몇십만 원, 몇백만 원이 생긴 건 아니었다. 한 달에 1만 원, 5만 원, 10만 원…. 푼돈이라 불릴 만한 금액이었지만, 그걸 모으는 재미를 알게 되면서 나만의 돈 모으기 노하우가 쌓여 갔다.

그렇게 천 원, 만 원 단위의 푼돈들을 꾸준히 모았고, 1년이 지나자 90만 원이라는 돈이 생겼다. 그때 깨달았다. 푼돈을 우습게 보면 안 된다. 푼돈이야말로 목돈을 만드는 씨앗이다. 처음에는 아이들 간식비 정도만 벌어도 좋겠다고 생각했는데, 90만 원이라는 금액이 모이니 오히려 쉽게 쓰고 싶지 않았다. 조금 더 의미 있고 특별한 곳에 쓰고 싶었다.

그 돈으로 남편과 신혼여행 이후 처음으로 해외여행을 떠났다. 아이들은 친정에 부탁해 맡기고, 우리는 오랜만에 둘만의 시간을 즐겼다. 생활비에서 쓴 돈이 아니라 내가 직접 벌어 모은 돈으로 떠난 여행이었기에, 다녀온 뒤에도 생활비 부담이 없었고 그 기쁨은 훨씬 더 컸다. 특히 결혼과 출산으로 일을 그만둔 뒤, 오랜만에 내가 번 돈으로 온전히 나를 위한 경험을 했다는 사실이 무척 의미 있게 다가왔다.

그 이후로 나는 푼돈 모으기에 완전히 눈을 떴다. 새로 푼돈 계좌를 개설해 '다음 해외여행'을 목표로 다시 돈을 모으기 시작했다. 그러나 그해, 전 세계적으로 코로나가 터지면서 여행의 꿈은 아쉽게도 무산됐다. 대신 그 돈으로 국내여행을 자주 다녔다. 호캉스도 가고, 지방 여행도 떠나고, 키즈 풀빌라에서 아이들과 마음껏 물놀이를 즐겼다.

키즈 풀빌라는 아이들 용품과 장난감이 모두 구비되어 있고, 수영장도 단독으로 이용할 수 있어 코로나 시기에도 안심하고 놀 수 있었다. 1박 2일 기준 숙박비가 다소 비싼 편이었지만, 푼돈 계좌 덕분에 부담 없이 누릴 수 있었다.

그 무렵 나는 미니멀라이프를 실천하고 있었는데, 푼돈을 모으는 과정도 미니멀라이프의 연장선처럼 느껴졌다. 물건 대신 경험에 돈을 쓰는 기쁨, 그게 내 삶의 방식과 가치관에 딱 맞아떨어졌기 때문이다. 여행 중에는 절약하거나 쇼핑하는 것보다, 쉬고 맛있는 음식을 먹으며 새로운 경험에 돈을 쓰는 일이 훨씬 더 만족스러웠다.

그렇게 우리 가족은 2년 동안 푼돈이 만들어준 여유 덕분에, 해외여행부터 국내여행까지 여행비 걱정 없이 마음껏 경험할 수 있었다. 그리고 그 과정에서 깨달았다. 이제 푼돈은 내게 단순히 '소소한 간식값'이 아니라, '삶을 바꿔주는 도구'가 되었다는 것을.

현금 플렉스의 짜릿함

여행의 즐거움을 푼돈으로 충분히 경험한 뒤, 세 번째 푼돈 계좌는 '물건'을 목표로 시작했다. 그 무렵 우리는 이사를 앞두고 있었다. 그동안 가전제품은 늘 당연히 신용카드 할부로 사야 한다고 생각했는데, 이번에는 달랐다. 이사 후 사용할 식기세척기를 사고 싶었고, 나는 처음으로 '푼돈으로 사보자'는 마음을 먹었다.

목표 금액을 정하고 남은 기간 동안 푼돈 계좌에 꾸준히 돈을 모았다. 따지고 보면, 할부로 사나 돈을 모아서 사나 결국 비슷한 기간 동안 돈이 빠져나간다. 하지만 빚을 지고 사느냐, 내 돈으로 사느냐는 전혀 다른 문제다.

나는 처음으로 빚이 아닌, 돈을 모아서 원하던 물건을 샀다. 현금으로 사는 기분은 어떨까? 그것도 100원, 1,000원씩 푼돈으로만 모은 돈이라면? 신용카드 할부가 익숙한 사람이라면 이 감정을 꼭 한번은 경험해봤으면 좋겠다.

그렇게 열심히 모은 끝에, 이사 직전에 목표 금액을 딱 맞춰 모았다. 그리고 마침내 내가 원하던 식기세척기를 살 수 있었다. 결제할 때는 일시불 플렉스! 다른 게 플렉스가 아니라, 빚 없이 현금 일시불로 결제하는 게 진짜 플렉스다. 카드값 청구서를 걱정하지 않고 물건을 사는 기분, 특히 그 돈이 푼돈 계좌에서 나왔다는 사실을 떠올리면 지금도 짜릿하다. 그 식기세척기는 여전히 우리 집에서 하루에 한 번씩 돌아가고 있다. 덕분에 설거지 시간도 줄었고, 그 시간에 다른 일들을 할 수 있어 정말 고마운 가전이다.

나에게 그 식기세척기는 단순한 가전제품이 아니다. 돈을 모으는 방식이 바뀌고, 소비 태도가 달라졌다는 증기 같은 물건이다. 그 이후로 나는 푼돈 계좌마다 구체적인 목표를 하나씩 정해, 그 목표를 채워가는 방식으로 모으기 시작했다.

네 번째 푼돈 계좌로는 애플워치를, 다섯 번째 푼돈 계좌로는 최신형 아이폰을 구매했다. 아이폰은 무려 5년 만의 교체였다. 많은 사람들이 잘 모르지만, 통신사 약정으로 휴대폰을 구입하면 단말기 할부 수수료가 5.6~6.2% 정도 붙는다. 요즘 5~6%의 이자를 주는 금융 상품을 찾기조차 어려운 상황을 생각하면 꽤 비싼 수수료다. 나는 평소 알뜰모바일 요금제를 이용하고 있었기에, 단말기만 별도로 구매하는 것이 훨씬 합리적이었다. 그리고 그 비용 역시 푼돈 계좌로 충당했다.

가장 최근에 모은 푼돈 계좌로는 음식물 처리기를 구입했다. 주변에서 후기가 좋아 금액을 알아보니 꽤 높은 편이었다. 예전 같았으면 여유가 없어 포기하거나, 신용카드 할부로 결제했을지도 모른다. 하지만 이제 나에게는 푼돈 계좌가 있다. 1년 동안 차곡차곡 모은 끝에 가장 만족도가 높은 제품을 현금으로 구매했고, 지금도 잘 사용하고 있다.

이렇게 푼돈으로 여행도 가고, 가전제품도 사고, 전자기기도 바꾸며 나는 확신하게 되었다. 작은 돈이든 큰 돈이든, 의도적으로 모은 돈만이 결국 목돈을 만든다. 우리는 흔히 '돈이 없어서 못한다'고 생각하지만, 사실은 '준비가 되어 있지 않아서' 못하는 경우가 더 많다. 의도적으로 준비된 돈은 나의 소비를 바꾸고 태도를 바꾸며, 결국에는 삶 자체를 바꾸는 가장 확실한 수단이 된다.

그래서 나는 지금도 갖고 싶은 게 생기면 당장 결제하지 않는다. 사람의 구매 욕구는 시간이 조금만 지나도 눈에 띄게 줄어든다. 실제로 하루만 지나도 '정말 필요한가?'라는 생각이 들면서, 충동보다 이성적인 판단이 앞서기 시작한다. 잠시 욕구를 미루는 연습만으로도 불필요한 지출을 막고, 같은 돈으로 더 큰 만족을 얻을 가능성이 커진다.

예전에는 갖고 싶은 욕구가 더 커서 늘 신용카드 할부로 먼저 사기 바빴다. 하지만 이제는 같은 마음이 들어도 '일단 모으고 나서 사자'는 선택을 한다. 또한 여유가 없다는 이유로 포기하지도 않는다. 5년 넘게 푼돈을 모으고, 그 돈을 의미 있게 쓰는 경험을 반복한 덕분에 '돈 모아서 사면 되지!'라는 자신감이 생겼기 때문이다. 사실 충동구매도 습관이고, 할부가 끝날 때쯤 또 다른 할부를 하는 것도 습관이다. 하지만 푼돈 모으기를 통해 참았다가 물건을 사는 쾌감과 갖고 싶은 물건을 위해 기다리며 돈을 모으는 설렘을 한 번이라도 경험해본 사람이라면, 이전과는 전혀 다른 소비 습관이 만들어지는 것을 느낄 수 있다.

푼돈을 목돈으로 바꾸는 5단계 시스템

왜 하필 푼돈일까? 차라리 큰돈을 모으는 게 더 낫지 않을까? 그런 생각이 들 수도 있다. 하지만 모든 목돈은 결국 작은 돈에서 시작된다. 만 원을 모을 수 있는 사람만이 100만 원을 모을 수 있고, 100만 원을 모을 수 있는 사람만이 1,000만 원도 모을 수 있다.

푼돈을 모으는 습관은 단순히 돈을 쌓는 행위가 아니라, '자기통제력'과 '일관성'을 키우는 훈련이다. 결국 진짜 부자가 되는 길은 이 기본기를 얼마나 오래, 꾸준히 지켜내느냐에 달려 있다.

돈을 모으는 일도 마찬가지다. 갑자기 투자나 자산을 불리는 단계로 뛰어들 수는 없다. 돈 모으기에도 순서가 있고, 기초가 다져져야 다음 단계로 나아갈 수 있다.

보통 '부자가 되는 재테크 5단계'는 이렇게 나뉜다.

1단계 : 왜 돈을 모아야 하는지부터 생각해본다.
2단계 : 작은 돈, 즉 푼돈이라도 모으기 시작한다.
3단계 : 절약과 저축을 통해 푼돈을 목돈으로 만든다.
4단계 : 준비된 목돈을 투자해 자산을 늘린다.
5단계 : 돈이 스스로 일하는 구조를 만든다.

이 중 가장 기본이 되는 1~3단계가 바로 '푼돈을 모으는 단계'다. 4단계부터는 더 많은 공부와 경험이 필요하다. 결국 기본이 탄탄해야 4, 5단계도 안정적으로 올라설 수 있다.

물론 아무 노력 없이 로또에 당첨되거나, 상속이나 증여로 자산이 늘어나는 경우도 있을 수 있다. 하지만 그건 정말 예외적인 케이스다. 대부분의 사람에게 진짜 필요한 것은 기본기다. 기초가 다져지지 않은 상태에서 자산만 늘어나면, 오히려 그 자산이 '독'이 되는 경우도 적지 않다.

나는 1단계부터 차근차근 실천하며 5단계까지 직접 경험해왔다. 그래서 더 확신할 수 있다. 종잣돈은 하루라도 빨리 모을수록 자산을 키울 때 유리하다.

이 책을 통해 푼돈 모으는 방법을 알게 되었다면, 지금이 바로 시작할 때다. 당장 오늘부터, 작게라도 모으기 시작하자. 푼돈이라도 꾸준히 모은다면 1년 뒤에는 분명 달라져 있을 것이다. 이제 구체적인 방법들을 하나씩 살펴보자.

먼저, '푼돈'의 정의부터 분명히 해야 한다. 이 부분은 생각보다 중요하다. 사람마다 푼돈의 기준이 다르기 때문이다. 어떤 사람은 천 원 이하의 작은 금액만을 푼돈이라 여기고, 어떤 사람은 운 좋게 얻은 '꽁돈'만을 푼돈이라 여긴다.

하지만 이 책에서 말하는 푼돈은 금액의 크기와 상관없이, 주수익 외에 얻은 모든 부수입을 뜻한다. 투잡으로 벌어들인 돈일 수도 있고, 캐시백이나 이벤트 적립금, 중고거래 수익처럼 예상치 못하게 생긴 돈일 수도 있다. 핵심은 이것이 고정적인 월급 외에 들어오는 '추가적인 돈'이라는 점이다.

그다음으로는 푼돈을 따로 모아둘 전용 계좌를 개설해야 한다. 추천하는 상품은 정기적금보다는 자유롭게 납입할 수 있는 자유적금이다. 계좌를 만들었다면 반드시 이름을 설정하자. 예를 들어 '푼돈 모아 식기세척기', '푼돈 모아 제주여행'처럼 [푼돈 모아 ○○○] 형식으로 구체적이고 직관적인 이름을 붙이는 것이 좋다.

이렇게 이름을 정해두면, 은행 앱에 접속할 때마다 계좌 이름이 자연스럽게 눈에 들어오며 목표를 다시 상기시켜 준다. '나는 지금 ○○○를 위해 돈을 모으고 있다'는 인식이 무의식적으로 반복되면서, 행동을 유지하는 힘이 된다. 단순히 '자유적금'이라고 표기된 계좌보다 '여행적금', '푼돈 모아 태블릿 PC'처럼 목표가 분명하게 적힌 이름일수록 달성 확률이 훨씬 높다.

간혹 '시드머니 모으기', '비상금 모으기'처럼 다소 애매한 이름을 붙이는 경우가 있다. 하지만 시드머니가 얼마를 의미하는지, 비상금이 얼마면 충분한지 기준이 없다면 목표도 흐려지고 결국 모으는 일도 쉽게 흐지부지된다.

〈Part 4. 돈 모으기〉의 '돈이 안 모이는 진짜 이유'에서도 언급했듯, '얼마를, 무엇을 위해, 언제까지' 모을지를 명확히 정하는 습관이 중요하다. 푼돈을 모을 때부터 이 세 가지를 구체적으로 적는 연습을 하자.

4분면 프레임워크로
부수입 파이프라인 만들기

　이제 계좌를 만들고 목표까지 정했다면, 다음 단계는 그 목표를 어떻게 달성할지 실행 계획을 세우는 일이다. 이때 가장 추천하는 방법은 '4분면 프레임워크'를 활용해 목표를 시각적으로 정리하는 것이다.

　먼저 종이에 x축과 y축이 교차하는 4분면을 그려보자. x축의 왼쪽에는 '일회성', 오른쪽에는 '지속 가능'을 적는다. '일회성'은 한 번 하고 끝나는 부수익, '지속 가능'은 꾸준히 반복해 수익을 낼 수 있는 활동을 뜻한다.

　그다음 y축의 위에는 '노력↑', 아래에는 '노력↓'이라고 표시한다. 이 축은 수익을 얻기 위해 얼마나 시간과 에너지를 들여야 하는지를 기준으로 삼는다.

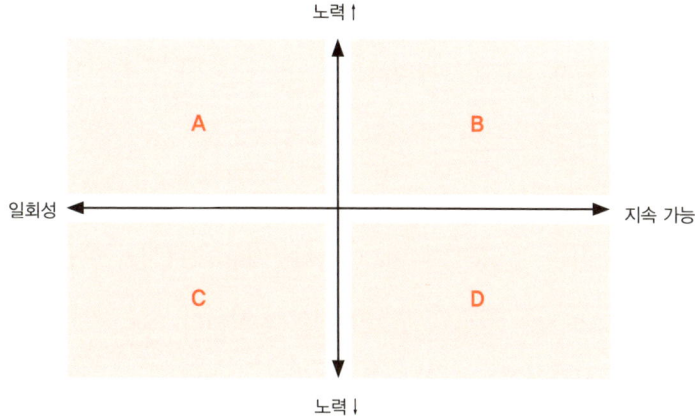

이제 해당 4분면 안에 내가 할 수 있는 푼돈을 만드는 모든 활동을 자유롭게 적어보자. 직업이 있는 사람은 물론, 소득이 없는 가정주부나 학생도 충분히 작성할 수 있다.

나 역시 외벌이 가정에서 푼돈을 모으기 시작했고, 그 경험을 바탕으로 '푼돈목돈클래스'를 열어 수많은 수강생들과 이 방법을 함께 실천해왔다. 그래서 자신 있게 말할 수 있다. 이 프레임워크를 하나씩 채워가다 보면, 생각보다 새어 나가는 돈이 얼마나 많았는지 깨닫게 되고, 푼돈에 대한 태도와 관점이 완전히 달라진다.

처음부터 완벽하게 채우지 않아도 괜찮다. 몇 가지밖에 떠오르지 않아도 된다. 핵심은 지금 당장 수익이 생기지 않더라도 '내가 돈을 벌 수 있는 방법이 분명 존재한다'는 믿음을 회복하는 것이다. 이 4분면 프레임워크는 단순한 계획 도구가 아니라, '돈을 버는 능력'을 시각화하고 나에게 맞는 수익 구조를 만들어가는 지도와 같다.

이제부터는 각 4분면에 내가 실제로 적었던 예시를 공유하려 한다. 다만, 이건 어디까지나 내 기준일 뿐이다. 같은 활동이라도 어떤 사람에게는 어렵고 부담스러울 수 있지만, 누군가에게는 즐겁고 가볍게 느껴질 수도 있다. 그러니 이 예시는 참고만 하자. 가장 중요한 건 '내가 느끼는 기준'에 따라 솔직하게 적는 것이다. 그럼 지금부터 내가 실제로 푼돈을 만들어왔던 방법을 각 4분면별로 살펴보자.

A 사분면(노력↑+일회성)

- 중고거래, 유튜브, 플리마켓 참여 등

A 사분면에는 노력은 많이 들지만 한 번으로 끝나는 형태의 푼돈 활동을 적으면 된다.

나에게는 '중고거래'가 대표적으로 A 사분면에 해당한다. 물건의 사진을 찍고, 글을 써서 올리고, 거래자와 시간을 맞춰 만나

기까지의 과정이 생각보다 에너지를 많이 소모한다. 거래가 잘 되면 뿌듯하지만, 그만큼 노력 대비 효율이 낮다고 느껴져 이 영역으로 분류했다.

'유튜브'도 마찬가지다. 기획부터 촬영, 편집, 업로드까지 모든 과정에 시간이 꽤 걸린다. 아직 수익화되지 않은 상태라 이 활동 역시 A 사분면에 두었다.

'플리마켓'에 나가 물건을 판매하는 것도 비슷하다. 한 번으로 끝나지만 준비 과정이 길고, 시간과 에너지가 많이 든다. 하지만 내 주변에는 아이와 함께 참여하며 즐거운 경험으로 여기는 사람도 있다. 아이와 함께 물건 가격을 정하고, 직접 팔고 사보는 과정이 흥미롭다고 했다. 이처럼 즐겁게 느껴진다면, 같은 활동이라도 C 사분면(노력↓+일회성)으로 분류해도 괜찮다.

결국 똑같은 일도 누구에게는 A, 누구에게는 C가 될 수 있다. 중요한 건 정답이 아니라 '내가 느끼는 난이도와 만족도'에 따라 솔직하게 분류하는 것이다.

B 사분면(노력↑+지속 가능)

- 자기계발, 글쓰기, 앱테크, 설문조사, 쿠팡 파트너스 등

B 사분면에는 노력은 많이 들지만 꾸준히 이어갈수록 수익이 누적되는 활동을 적으면 된다.

A 사분면이 '일회성 수익'이라면, B 사분면의 핵심은 '지속 가능성'이다. 꾸준히 할수록 수익이 자연스럽게 축적되는 구조다.

가장 먼저 떠올릴 수 있는 건 '자기계발'이다. 요즘 부업이나 부수익에 대한 관심이 높지만, 특히 직장인에게는 자기계발을 통한 연봉 상승이야말로 최고의 재테크라고 생각한다. 업무 역량이 높아질수록 연봉 협상이나 이직 시에도 유리해지기 때문이다. 다만, 자기계발의 방향이 꼭 직장 내 성과로만 이어질 필요는 없다. 배운 것을 토대로 콘텐츠를 만들거나 부수입 활동으로 확장하는 경우도 많다. 이런 점에서 자기계발은 당장은 돈이 되는 일처럼 보이지 않지만, 장기적으로 보면 가장 강력한 '지속형 푼돈 만들기' 전략이 될 수 있다.

나 역시 지금도 클래스 수강이나 관심 분야 학습을 통해 꾸준히 자기계발을 이어가고 있다. 시간과 에너지가 들긴 하지만, 이 투자야말로 결국 가장 확실한 수익으로 돌아온다고 믿는다.

간혹 "자기계발은 오히려 돈을 쓰는 거 아닌가요?", "클래스 수강도 책도 다 비용이 드는데요?"라고 묻는 사람이 있다. 하지만 나는 모든 재테크의 출발은 자기계발이라고 생각한다. 수익 구조를 단단히 만들기 위해서는 먼저 '내가 가진 역량의 시장 가치'를 키우는 일이 선행되어야 한다.

의외로 돈을 벌고 부를 쌓는 순서는 단순하다. 자기계발을 통해 나를 성장시키고, 그 힘으로 종잣돈을 만들며, 종잣돈을 투자로 연결하면 된다. 돈을 벌려면 돈에 대해 알아야 하고, 부자가 되려면 부자가 되는 법을 공부해야 한다. 아무리 큰돈을 손에 쥐어도 준비가 되어 있지 않으면 그 돈을 지킬 수 없다.

실제로 수십억 원의 로또 당첨자나 퇴직금 수령자 중에서도, 몇 년 만에 대부분의 재산을 잃은 사례가 적지 않다. 돈이 있어도 지식이 없으면 지킬 수 없다는 의미다.

글쓰기도 마찬가지다. 지금까지 세 권의 책을 출간했지만, 여전히 글쓰기는 쉽지 않다. 쓸 때마다 나 자신과 싸워야 하고, 그만큼 많은 시간과 노력이 필요하다. 하지만 꾸준함은 반드시 결실을 맺는다.

블로그 1일 1포스팅, 인스타그램 1일 1피드, 브런치 작가 활동처럼 처음에는 하루 한 줄을 쓰고 피드 하나를 올리는 작은 실천에 불과했다. 하지만 그 기록들이 차곡차곡 쌓이면서 어느 날 책이 되었고, 작가라는 새로운 정체성과 또 다른 수익의 기회를 만들어 주었다. 글 하나로 협찬을 받거나 강연 요청을 받는 기회도 결국 매일 이어온 기록에서 비롯된 결과다.

아이를 키우며 처음 인스타그램에 미니멀라이프 일상을 올렸을 때, 그 글들이 책이 될 거라고는 전혀 상상하지 못했다. 미니멀라이프가 돈 정리로 확장되면서, 지금처럼 재테크 책을 쓰고 강의까지 하게 될 줄도 몰랐다. 이처럼 처음에는 당장 돈이 되지 않더라도 꾸준히 이어가다 보면 결국 기회가 생긴다. 그런 활동들이 바로 B 사분면에 속한다.

다음은 '앱테크'와 '설문조사'다. 앱테크는 내가 처음 푼돈 모으기를 시작했을 때 정말 큰 도움이 되었던 활동 중 하나다. 앱테크는 애플리케이션과 재테크의 합성어로, 스마트폰을 이용해 돈을 버는 방식을 말한다. 출석체크, 룰렛 돌리기, 퀴즈 맞히기 등 간단한 활동으로 적게는 몇 원에서 많게는 몇만 원까지 적립금을 모을 수 있다. 이렇게 모은 적립금은 기프티콘이나 현금으로 바꿔 생활비에 보탤 수 있어, 특히 '짠테크'를 실천하는 사람들에게 인기가 많다. 시간을 조금만 들여도 푼돈을 모을 수 있다는 점에서 시작하기에 부담이 적다는 것도 장점이다.

여러 앱테크 중에서도 나는 하나머니(하나은행), 토스 같은 금융권 앱테크를 가장 선호한다. 적립금 1원만 있어도 현금화가 가능하고, 해당 은행 계좌가 없어도 타 은행으로 이체할 수 있기 때문이다.

나는 매일 출석체크를 하고 룰렛을 돌려도 하루 10원, 20원 수준의 소소한 수익을 얻는 경우가 많았는데, 지인 중에는 시작하자마자 5만 원에 당첨된 사람도 있었다. 해보지 않으면 0원이지만 시도하면 작더라도 분명 수익이 생긴다.

간혹 "그거 해서 뭐해?", "한 달 열심히 해봐야 3천 원이야"라고 말하는 사람도 있다. 하지만 100만 원을 연 3% 예금에 1년간 넣어둬도 세후 이자는 25,380원이다. 하루로 따지면 약 70원 정도에 불과하다. 은행 이자보다 앱테크로 얻는 수익이 오히려 더 크다. 단 5~10분의 시간이 은행 예금 100만 원보다 더 높은 수익률을 만들어내는 셈이다.

작은 돈 같지만 하루 100원이면 한 달에 3천 원이다. 3천 원이면 커피 한 잔 값이다. 무심코 넘기는 숏폼 몇 개 대신 푼돈 하나 더 쌓는 편이 낫지 않을까. 0원에서 월 3천 원을 만들 수 있다면, 그건 결코 무시할 수 없는 수익이다.

```
예치금 100만원을 1년동안
연 이율 3%로 저축하면
총 102만 5,380원을 수령하실 수 있습니다.

원금합계                                    1,000,000원
세전이자                                       30,000원
이자과세(15.4%)                                -4,620원
단리 3%, 일반과세 기준

세후 수령액                                 1,025,380원
```

적은 시간 투자로 푼돈이 모이는 게 신기하고 재미있어서 오히려 시간을 늘려가며 하는 사람들도 있다. 절약 커뮤니티에는 공기계 휴대폰을 여러 대 두고 앱테크로만 한 달에 30~40만 원을 번다는 이야기들도 종종 올라온다.

하지만 그렇게까지 앱테크에 몰두하는 것은 추천하지 않는다. 앱테크는 어디까지나 부수익이다. 하루 10~20분 정도의 자투리 시간을 활용할 때 가장 효율적이다. 하루 종일 휴대폰을 붙잡고 있다면, 차라리 그 시간에 본업 역량을 키우거나 더 큰 수익이 가능한 활동에 쓰는 편이 훨씬 이익이다. 앱테크는 주수입이 아니라 푼돈 모으기에 적합한 보조 수단임을 잊지 말자.

앱테크의 다음 단계는 '설문조사'였다. 설문조사는 한 번에 5~20분 정도의 시간이 필요하지만, 참여할 때마다 2~3천 원의 보상을 받을 수 있어 앱테크보다 효율이 좋은 편이다. 다만 매일 가능한 것은 아니고, 참여 조건이 맞지 않으면 응답할 수 없다는 한계가 있다. 그래서 나는 앱테크와 설문조사를 병행했다. 그렇게 꾸준히 하다 보니 한 달에 7~8만 원 정도의 부수익을 모을 수 있었다.

다시 한번 강조하지만 앱테크나 설문조사는 진짜 부수익, 말 그대로 푼돈이다. 전업주부로 지내던 시절, 집에 있으면서도 '나도 뭔가 하고 있다'는 감각이 절실했던 시기에 이런 활동들이 큰 도움이 되었다. 아주 작은 수익이라도 직접 만들어냈다는 사실이 스스로에 대한 자신감을 회복하게 해주었기 때문이다. 반대로 본업이 있다면, 그 시간을 본업 역량을 키우는 데 쓰는 편이 훨씬 현명하다.

지금의 나는 본업이 생기면서 앱테크나 설문조사보다 일에 직접 도움이 되는 자기계발과 콘텐츠 제작에 더 많은 시간을 쓰고 있다. 특히 콘텐츠를 만들어 쿠팡 파트너스와 연결하면 수익이 생기기 때문에 지금은 그 방식을 유용하게 활용하고 있다.

쿠팡 파트너스는 개인 SNS나 블로그에 쿠팡 쇼핑 링크를 연결해 방문자가 광고를 클릭해 구매하면, 구매 금액의 일정 비율을 수익으로 받는 제휴 마케팅 프로그램이다. 소비 트렌드가 SNS 중심으로 이동하면서, 이 방법만 전문적으로 운영하는 사람들도 생겨날 만큼 꽤 쏠쏠한 수익원이 될 수 있다.

개인 브랜딩까지는 아직 부담스럽지만, 콘텐츠를 통해 소소하게 수익을 만들고 싶은 사람들에게 추천하고 싶은 방식이다. 나 역시 일상 속 기록으로 시작한 콘텐츠가 자연스럽게 수익으로 이어지며, 덕분에 또 하나의 지속형 푼돈 루트를 만들 수 있었다.

C 사분면(노력↓+일회성)

- 기프티콘·상품권 판매, 공병 판매, 쇼핑 리뷰, 이벤트 참여, 보험금 신청 등

C 사분면에는 적은 노력으로 한 번에 끝나는 일회성 수익 활동을 적으면 된다.

대표적인 예가 '기프티콘·상품권' 판매다. 대부분 선물로 받지만, 자주 이용하는 매장이 아니라면 사용이 번거롭고 애매해지기 쉽다. 나 역시 유효기간이 다 되어가는 기프티콘을 쓰기 위해 일부러 먼 매장까지 찾아간 적이 있고, 금액을 전부 쓰기 위해 내 돈을 더 보태야 했던 경험도 있다. 결국 '그럴 바엔 차라리 판매하자'는 결론에 도달했다.

카카오톡 선물하기로 받은 기프티콘은 유효기간이 지나기 전에 연장하거나 90% 환급을 선택할 수 있다. 또한 다른 경로로 받은 기프티콘이나 상품권은 '니콘내콘', '팔라고', '기프티스타' 같은 판매 앱을 통해 즉시 현금화가 가능하다. 앱마다 매입 금액이 조금씩 다르기 때문에 여러 곳을 비교한 후 가장 높은 금액을 제시하는 곳에 판매하는 것을 추천한다.

'공병 판매'도 생활 속에서 실천할 수 있는 좋은 푼돈 수익이다. 주류를 구매할 때는 공병 보증금이 함께 포함되어 있기 때문에 다 마신 뒤 마트나 편의점에 병을 반납하면 보증금을 돌려받을 수 있다. 소주병은 개당 100원, 맥주병은 개당 130원이다. 작은 금액처럼 보여도 꾸준히 모으면 꽤 쏠쏠한 수익이 된다.

수강생 중 한 분은 원래 캔맥주를 즐겨 드셨는데, 푼돈을 모으기로 결심한 후부터 병맥주로 바꿔 드신다고 했다. 물론 아예 술을 마시지 않으면 100% 절약이겠지만, 즐겨 마신다면 그 안에서도 실천 가능한 방법을 찾는 것이 의미 있다. 이처럼 '일상 속 가능한 범위 안에서 바꾸는 작은 선택'이 푼돈 모으기의 핵심이다.

'쇼핑 리뷰'도 간과하기 쉬운 푼돈 수익 중 하나다. 요즘은 대부분 온라인 쇼핑을 이용하지만, 구매까지만 하고 리뷰는 생략하는 경우가 많다. 그러나 리뷰를 작성하면 적게는 몇십 원에서 많게는 몇천 원까지 적립금이나 포인트를 받을 수 있다. 후기 이벤트를 활용하면 상품권이나 추가 적립금이 제공되기도 하니, 조금만 신경 써도 꽤 좋은 혜택을 챙길 수 있다.

작은 금액이라도 눈에 보이게 쌓이면 동기부여가 된다. 리뷰로 받은 50원, 100원처럼 사소한 금액도 다음 구매에서 적립금으로 할인받을 때는 꽤 뿌듯하다. 나는 이렇게 할인 받은 금액은 그 금액만큼 푼돈 계좌에 적립한다. 작은 행동이지만 이런 반복이 결국 큰 차이를 만든다.

이벤트 참여도 마찬가지다. 일부러 찾아다니는 편은 아니지만, 문자가 오거나 눈에 띄면 가볍게 참여하는 정도다. 그래서 이 활동은 C 사분면에 적었다. 지난달에는 은행에서 진행한 문자 이벤트에 당첨되어 4만 원 상당의 마트 상품권을 받았다. 조금 더 적극적으로 참여하고 싶다면, 이벤트 정보만 모아둔 카페나 커뮤니티를 참고하는 것도 좋다. 작은 노력으로 의외의 수익을 얻을 수 있다.

 마지막으로 꼭 언급하고 싶은 것은 '보험금 신청'이다. 생각보다 많은 사람들이 자신이 가입한 보험의 보장 내역을 잘 모르거나, 귀찮다는 이유로 보험금 청구를 미루는 경우가 많다. 하지만 '푼돈부터 모아보자'고 결심했다면, 이건 절대 놓쳐서는 안 된다. 보험금은 그 어떤 푼돈보다도 쏠쏠한 수익이 될 수 있기 때문이다. 이를 위해서는 먼저 내가 가입한 보험과 보장 내용을 정확히 파악해야 한다. 보험은 매달 빠져나가는 고정지출이기도 하니, 정기적인 점검은 선택이 아니라 필수다. 자세한 내용은 〈부록. 고정지출의 핵심〉 '당신의 보험, 지금 점검이 필요하다'에서 다루었다.

D 사분면(노력↓+지속 가능)

- 캐시백, 금융 이자, 미니멀라이프, 독서, 가계부 쓰기, 냉장고 파먹기, 인스타그램, 네이버 클립 등

 D 사분면에는 적은 노력으로도 꾸준히 이어갈 수 있는 활동이 모여 있다.

 나는 D 사분면이야말로 푼돈 모으기의 핵심이 되는 부분이라고 생각한다. 여기에는 자신이 할 수 있는 모든 푼돈 활동을 최

대한 많이 적어보길 권한다. 한번 습관이 되면 오랫동안 자동으로 수익이나 절약 효과를 만들어내기 때문이다. 리스트를 만드는 과정만으로도 '아, 이렇게 많은 방법이 있었구나' 하는 깨달음을 얻게 된다. 그리고 그중 단 한 가지만 꾸준히 실천해도 푼돈이 목돈으로 자라나는 경험을 하게 된다.

나는 몇 년 전부터 신용카드를 없애고 체크카드와 현금을 주로 사용하고 있다. 체크카드를 고를 때도 적립형보다는 결제 즉시 할인되거나 캐시백으로 돌려주는 방식을 선호한다. 이렇게 돌려받은 캐시백은 생활비 계좌에 두지 않고 바로 푼돈 계좌로 옮긴다. 생활비 계좌에 그대로 두면 어느 순간 다시 써버리게 되지만, 푼돈 계좌에 따로 모아두면 돈이 쌓이는 게 눈에 보여 훨씬 동기부여가 된다. 금융 이자도 마찬가지다. 단 몇십 원이라도 생기면 푼돈 계좌로 바로 옮겨 모은다.

이제는 내 삶의 방식이 된 '미니멀라이프'도 D 사분면에 적었다. 2016년부터 시작해 어느덧 10년째 꾸준히 실천하고 있다. 물건이 늘어났다고 느껴지면 그 안에서 비워낼 것을 찾고, 기분이 울적할 때는 쇼핑 대신 물건을 비우며 마음을 다스린다. 이제는 그것이 자연스러운 일상이 되었고, 덕분에 비우기가 나에게는 소비 절제의 습관이자 감정 회복의 루틴이 되었다. 그 일상을 기록하고 공유하면서 책 인세와 콘텐츠 원고료 같은 지속 가능한 수익도 얻게 되었다.

'독서' 역시 내 삶의 루틴 중 하나다. 나는 진득하게 앉아 책을 읽는 스타일이 아니라, 틈새 시간을 활용하는 독서를 선호한다. 약속 시간 전의 짧은 대기 시간, 저녁 준비 중 냄비의 물이 끓는 몇 분 같은 자투리 순간이 나의 독서 시간이다. 그래서 긴 호흡의 책보다는 한 챕터씩 끊어 읽기 쉬운 책을 더 선호하는 편이다. 그렇게 2주에 한 권 정도는 꾸준히 읽는다. 책을 읽고 리뷰를 남기면 출판사로부터 책을 협찬받거나 원고료를 받기도 한다. 소소하지만 지식이 쌓이고 수익도 따라오는 유익한 습관 중 하나다.

'가계부 쓰기'와 '냉장고 파먹기'는 늘 세트다. 따로 하면 효과가 떨어지고, 오래 지속하기도 어렵다. 가계부를 쓰면서 매일 외식을 하거나 식재료를 방치한다면, 결국 돈 주고 산 값비싼 재료를 버리게 된다. 마찬가지로 냉장고를 파먹으면서도 지출 점검을 하지 않으면 생활비가 얼마나 줄었는지, 어디서 새고 있는지도 알 수 없다. 그래서 이 두 가지는 함께했을 때 가장 큰 시너지가 난다.

덕분에 우리 집도 생활비가 눈에 띄게 줄었다. 예를 들어 일주일 생활비 예산이 30만 원이라면, 25만 원만 쓰고 남은 5만 원은 다음 주로 이월하거나 푼돈 계좌에 저축한다. 생활비를 절약하는 것도 그만큼 아껴서 돈을 번 것이나 마찬가지이기 때문이다. 절약은 '덜 쓰는 일'이 아니라 '아낀 만큼 버는 일'이다. 이 원리를 몸으로 익히면 소비 습관 전체가 바뀐다.

'인스타그램'도 D 사분면에 적었다. 유튜브는 기획부터 촬영, 편집까지 많은 노력이 필요해 A 사분면(노력↑ + 일회성)에 넣었지만, 인스타그램은 비교적 가볍게 업로드할 수 있고 나에게 잘 맞는 SNS라 D 사분면에 해당한다.

사람마다 자신에게 편한 플랫폼은 다르다. 나에게는 긴 호흡으로 끌어가야 하는 유튜브보다 짧은 릴스와 사진, 글로 소통하는 인스타그램이 훨씬 자연스럽다. 큰 준비 없이도 일상 속에서 바로 콘텐츠를 만들 수 있고, 무엇보다 꾸준히 올리다 보면 피드가 나의 기록이자 자산이 된다. 최근에는 게시글이나 릴스의 조회수에 따라 수익이 발생하는 보너스 기능도 생겨, 소소하지만 가끔 수익이 들어오기도 한다.

비슷한 맥락에서 '네이버 클립'도 D 사분면에 넣었다. 클립 크리에이터로 선정되면 정해진 기간 동안 주어진 미션을 완료할 때마다 활동비가 지급되고, 내가 올린 동영상이나 게시물로 수익화가 가능하다. 팔로워나 조회수가 쌓이면, 자연스럽게 광고 제안이나 제휴 기회도 생긴다. SNS를 꾸준히 운영하는 사람이라면, 이런 플랫폼을 활용해 '즐기며 푼돈을 버는 구조'를 만드는 것도 좋다.

이처럼 내가 즐기며 꾸준히 할 수 있는 일이야말로 D 사분면을 유지하는 가장 좋은 방법이다. 내가 처음에 D 사분면이 핵심이라고 말했던 이유도 여기에 있다. 푼돈 활동을 A 사분면부터 D 사분면까지 나누어 보면, 실천하기 쉬운 영역과 어려운 영역이 구분된다. 가장 어려운 건 A 사분면이고 가장 쉬운 건 D 사분면이다.

작은 돈을 대하는 태도가 인생을 바꾼다

지금부터 푼돈을 모아보겠다고 결심했다면, A 사분면보다 D 사분면에 집중하는 편이 훨씬 효율적이다. 노력이 덜 들면 지치지 않고, 지치지 않으면 오래할 수 있기 때문이다. 결국 지속 가능성이야말로 푼돈을 모으는 진짜 비결이다.

자신 없고 부담스러운 일에 억지로 시간을 쓰기보다 지금 내가 잘하고 있는 일, 부담 없이 꾸준히 이어갈 수 있는 일에 집중하자. 따라서 D 사분면에 적은 항목들을 어떻게 하면 조금 더 발전시킬 수 있을지 고민해 보는 것이 좋다.

그리고 여기서 나오는 푼돈들은 반드시 푼돈 계좌로 이체한다. 중고거래, 기프티콘, 상품권, 공병 판매로 번 돈, SNS나 쿠팡 파트너스 수익, 앱테크, 설문조사로 현금화한 수익, 체크카드 캐시백, 금융 이자 등 현금으로 받은 돈은 즉시 푼돈 계좌로 보낸다. 적립금이나 기프티콘처럼 바로 현금화가 어려운 돈이라면, 그 금액만큼 생활비 계좌에서 푼돈 계좌로 이체한다. 적립금이 아니었다면 원래 생활비에서 나갔을 돈이기 때문이다.

정말 사소해 보이지만, 이렇게 따로 모으고 흐름을 분리해두면 돈이 쌓이는 과정을 눈으로 확인할 수 있다. 눈에 보이는 쌓임은 동기가 되고, 그 동기가 습관을 만들며, 결국 그 습관이 목돈을 만든다. 이 단순한 구조가 바로 '푼돈을 목돈으로 바꾸는 시스템'이다.

자, A 사분면부터 D 사분면까지 직접 적어보니 어떤가? 여전히 이 모든 것들이 돈으로 보이지 않는가? '나는 외벌이라서 돈을 벌 수 없어'라고 생각했던 사람도, 이렇게 정리해보면 내 상황에서도 벌 수 있는 돈이 꽤 많다는 사실을 발견하게 될 것이다. 그저 귀찮다고, 작아서 의미 없다고 무시해왔던 것들이 사실 모두 돈이었다. 누군가는 그 돈을 꾸준히 모아서 해외여행을 가고, 집에 필요한 가전을 사고, 진짜 목돈을 만들어왔다.

《돈을 부르는 작은 습관》이라는 책에서는 이렇게 말한다.

"아무리 사소한 실행일지라도 그것을 우습게 보는 사람은 부자가 될 자격이 없다. 사소한 것 하나 실행하지 못하는 사람이 어떻게 큰일을 선뜻 실행에 옮길 수 있겠는가. 작은 실행이 쌓여 큰 실행을 이룬다. 그것이 부에 관한 것이라면 부자가 되는 것이다."

이 문장을 읽는 순간, 나도 모르게 고개가 끄덕여졌다. 나는 그동안 사소한 것들을 결코 가볍게 여기지 않았다. 오히려 '이것도 돈이 될까?'를 끊임없이 고민하며, 푼돈들을 하나하나 모아 목돈을 만들어왔다. 그 과정에서 태도는 더 단단해졌고, 돈을 바라보는 관점도 달라졌다.

이제는 안다. 진짜 중요한 건 금액이 아니라 태도라는 걸. 아무리 사소해 보여도, 가볍게 여기지 않고 모으기로 마음먹는 그 순간부터 돈은 모이기 시작한다.

푼돈으로 목돈을 만들 수 있냐고?
100번 물어도 내 대답은 같다.
가능하다!

예금·적금만 한다고?
이것 하면 이율 2배

"연 2%짜리 적금을 2년째 넣고 있지만, 이걸로 뭐가 모일까 싶어요."

많은 사람들이 이렇게 말한다. 그만큼 예금·적금은 가장 익숙한 저축 수단이다. 특히 돈 모으기를 막 시작했거나 금융상품에 익숙하지 않은 사람에게는 예금·적금만큼 쉽고 안전한 방법도 없다. 매달 일정 금액을 강제로 저축할 수 있고, 정해진 기간을 채우면 원금 손실 없이 목돈을 만들 수 있기 때문이다.

하지만 지금처럼 고물가 시대엔 예금·적금만으로는 자산의 실질 가치를 지키기 어렵다. 그 이유는 금리와 물가상승률의 격차 때문이다. 2025년 10월 기준, 한국은행의 기준금리는 2.5%이고, 시중은행의 정기예금·적금 금리는 대부분 1~2%대에 머무른다.

예를 들어 연 2.5% 예금에 1,000만 원을 1년간 맡긴다고 가정해보자. 세전 이자는 25만 원이지만, 이자소득세(15.4%)를 제하면 실제로 받는 금액은 21만 1,500원이다. 한 달로 계산하면 약 17,000원 남짓이다. 우리가 기대하는 '이자 수익'이라 부르기엔 턱없이 적다.

여기에 물가상승률까지 고려하면 상황은 더 나빠진다. 2024년 국내 소비자물가상승률은 약 2.3%였다. 물가가 2.3% 오르는 동안 예금·적금 이자가 1~2%에 그친다면, 실질 자산의 가치는 오히려 감소하는 셈이다. 표면적으로는 돈을 모으는 것 같지만, 같은 돈으로 살 수 있는 건 점점 줄어든다. 이런 이유로 요즘은 "그래도 예금·적금이 최고지"라는 말이 점점 설득력을 잃고 있다.

예전에는 '선저축 후지출'이 재테크의 정석처럼 여겨졌지만, 이제는 '선투자 후지출'이라는 말이 더 자주 등장한다. 그만큼 단순 저축만으로는 돈이 불어나는 속도를 체감하기 어려운 시대가 된 것이다. 월급에서 20~30만 원씩 아껴 적금에 넣어도, 돈이 모인다는 실감조차 나지 않는다는 사람들도 많다.

그렇다고 예금·적금을 하지 말라는 뜻은 아니다. 이 방식은 여전히 돈 모으기의 출발점이며, 목적이 있는 돈을 안전하게 지키는 데에도 매우 유용하다. 예를 들어 1~2년 안에 써야 할 결혼 자금, 출산비, 이사비처럼 사용 시점이 정해진 돈이나 갑작스러운 상황에 대비한 비상금, 투자 전 종잣돈을 모으는 준비 단계에서는 예금·적금만큼 효율적이고 안정적인 수단도 없다.

다만 요즘 시대에는 이를 '자산을 불리는 수단'으로 기대하기엔 한계가 분명하다. 모든 돈을 예금·적금에만 묻어두는 것은 겉으로는 저축처럼 보이지만, 실제로는 그 돈의 가치를 조금씩 잃어가는 일이 될 수도 있다.

예금이나 적금에 가입해야 한다면, 조금이라도 더 유리한 조건을 찾는 것이 중요하다. 가장 먼저 할 수 있는 일은 금리 비교 사이트를 활용하는 것이다. 똑같은 금액을 예치하더라도 은행마다 금리가 다르기 때문에 받게 되는 이자 금액 역시 달라진다. 처음엔 차이가 미미해 보이더라도, 예치 금액이 커질수록 그 차이는 점점 커진다. 단 1%의 금리 차이만으로도 결과가 크게 달라질 수 있다.

또 한 가지 기억할 점은 1금융권보다 2금융권(저축은행)의 금리가 더 높은 경향이 있다. '저축은행' 하면 부정적인 이미지를 떠올리는 사람도 있지만, 이는 과거 일부 부실 경영과 부도 사례에서 비롯된 인식이다. 지금은 상황이 다르다. 예금자 보호 제도가 강화돼 금융기관별로 1인당 1억 원까지 보장받을 수 있다. 물론 대출 목적이라면 신중히 접근해야 하지만, 저축만을 위한 선택이라면 오히려 더 높은 금리 혜택을 누릴 수 있는 현명한 방법이 된다.

예금·적금의 한계를 인지하고 나면, 자연스럽게 이런 질문이 생긴다.

"그럼 이제 돈은 어떻게 모으지?"

많은 사람이 다음 단계로 주식이나 코인 같은 고위험 상품으로 눈을 돌린다. 안정적인 상품에서 가장 공격적인 상품으로 곧장 점프하는 셈이다. 그 결과, 수익은커녕 원금 손실을 경험하고 오히려 투자 자체에 대한 불신을 갖게 되는 경우도 적지 않다.

하지만 예금·적금보다 수익은 높고, 주식보다는 리스크가 낮은 투자 구간이 있다. 나는 이 중간 단계로 채권과 발행어음을 추천한다.

재테크 강의를 할 때 "주식 투자하시는 분 계신가요?"라고 물으면 대부분이 손을 들지만, "채권이나 발행어음에 투자해보신 분 계신가요?"라고 물으면 거의 없다. 대부분 "그게 뭔가요?", "어렵지 않나요?"라며 낯설어한다. 그만큼 채권과 발행어음은 아직 생소하고, 주식보다 더 어렵게 느끼는 사람이 많다.

하지만 알고 보면 채권과 발행어음은 우리가 잘 알고 있는 정기예금·정기적금과 구조가 매우 비슷하다.

예금보다 한 단계 적극적인 투자, 채권

채권은 간단히 말해, 누군가에게 돈을 빌려주고 이자를 받는 '차용증'이라고 생각하면 쉽다. 즉, 채권을 발행한다는 것은 '돈을 빌려주면 언제까지 얼마의 이자를 주겠다'는 약속의 증서를 발행하는 것이다. 우리는 채권을 통해 돈을 맡기고, 발행기관은 일정한 이자를 약속하며 돈을 빌린다. 그리고 우리는 만기 시 원금과 함께 약속된 이자를 돌려받는다.

채권의 가장 큰 장점은 은행의 정기예금과 달리 만기 기간이 다양하고, 언제든 중도 매매가 가능하다는 점이다. 상품에 따라 10일, 1개월, 3개월은 물론 20~30년짜리 장기채권까지 선택할 수 있어 유동성이 높다. 또한 금리 역시 일반적으로 은행 예금보다 1.5~2% 이상 높게 형성되는 경우가 많다.

정기예금은 대부분 6개월에서 1년 이상 묶어두는 구조로, 중도 해지 시 약속된 이자를 거의 받을 수 없다. 반면 채권은 필요할 때 시장가로 매도할 수 있고, 내 상황에 맞춰 기간을 자유롭게 조정할 수 있는 유연성이 있다. 이런 이유로 채권은 단순한 예금보다 한 단계 더 적극적인 자산 증식 수단이라 할 수 있다.

다만 결정적인 차이도 있다. 정기예금은 가입 시 약속된 금리가 만기까지 그대로 유지되지만, 채권은 시장 금리 변동에 따라 가격이 오르내린다. 금리가 하락하면 채권 가격은 오르고, 금리가 상승하면 채권 가격은 떨어진다.

예를 들어, 현재 기준금리가 2.5%, 정기예금 금리가 2%라고 하자. 1,000만 원을 예금에 넣으면 1년 뒤 세후 약 17만 원의 이자를 받는다. 그런데 6개월 후 기준금리가 3%로 오르고, 예금 금리도 2.5%로 상승한다면 어떻게 될까? 정기예금은 가입 당시 금리가 고정되어 있으므로, 만기 때 받을 이자는 여전히 17만 원이다.

하지만 같은 조건의 2% 채권에 투자했다면 이야기가 달라진다. 금리가 오르면서 시장에는 2.5%짜리 새로운 채권이 나오고, 기존의 2% 채권은 상대적으로 매력이 떨어진다. 더 높은 금리를 주는 상품이 등장했으니, 투자자 입장에서는 굳이 낮은 금리의 채권을 제값 주고 살 이유가 없다. 따라서 보유 중인 기존 채권을 팔려면, 새로운 금리에 맞춰 할인된 가격으로 거래해야 한다. 다만 채권을 만기까지 보유한다면, 약속된 원금과 이자는 그대로 지급된다. 따라서 중도 매매로 손실을 확정하지 않는 한, 실제로 손해가 발생하는 것은 아니다.

결국 채권의 가격은 시장 금리에 반대로 움직인다. 이로 인해 손실을 볼 수도 있지만, 반대로 시기를 잘 맞추면 이자 수익에 더해 매매 차익까지 얻을 수도 있다.

처음 듣는 사람에겐 다소 복잡하게 느껴질 수 있지만, 핵심은

단 하나다. '금리가 높을 때 채권을 사라.'

채권은 우리가 돈을 빌려주는 구조이므로, 금리가 높을수록 빌려주는 입장에서는 유리하다. 반대로 기준금리가 낮을 때 채권을 매수했다면, 이후 금리가 오를 경우 해당 채권의 가치는 하락한다. 따라서 뉴스에서 "기준금리가 정점을 찍었다", "앞으로는 내려갈 가능성이 높다"는 소식이 들릴 때가 바로 채권 매수의 적기다.

채권은 누가 발행하느냐에 따라 여러 종류로 나뉜다. 크게 다섯 가지로 구분할 수 있다.

구분	설명
국채	정부가 발행한다. 정부가 원리금 지급을 보증하기 때문에 가장 안전하고 신용도가 높다. 안정성은 높지만 금리는 상대적으로 낮다.
지방채	지방자치단체나 지방공공기관이 자금을 조달하기 위해 발행한다. 국채보다 규모가 작고 신용도가 낮아 유동성이 떨어지는 편이다.
특수채	한국전력공사, 한국토지주택공사, 수자원공사 등 특별법에 의해 설립된 공기업이 발행한다. 공채와 사채의 성격을 모두 갖고 있으며, 안정성과 수익성이 비교적 높다.
금융채	은행, 산업은행, 수출입은행, 카드사, 보험사, 캐피털사 등 금융기관이 자금 조달을 위해 발행한다. 일반적으로 신용도가 높고 유통시장 거래가 활발하다.
회사채	상법상의 주식회사가 자금을 조달하기 위해 발행하는 채권이다. 기업의 신용도, 보증 여부, 담보 유무, 전환권 조건 등에 따라 금리 차이가 크며, 위험과 수익이 함께 존재한다.

당연히 국가에 빌려주는 국채는 금리가 낮지만 안정성이 매우 높고, 기업에 빌려주는 회사채는 금리가 높은 대신 신용 위험이 따른다. 따라서 채권 투자에서 중요한 건 '수익률'과 '안정성'의 균형을 어디에 두느냐다. 이때 참고할 수 있는 것이 바로 신용등급이다. 신용등급은 신용평가사가 발행기관의 재무 상태와 상환 능력을 분석해 매기는 것으로, 채권의 안정성을 판단하는 기본적인 지표가 된다.

신용등급	등급의 정의
AAA	최고 수준의 신용 상태, 채무불이행 위험 거의 없음
AA	매우 우수한 신용 상태, 채무불이행 위험 매우 낮음
A	우수한 신용 상태, 채무불이행 위험 낮음
BBB	보통 수준의 신용 상태, 채무불이행 위험 낮지만 변동성 존재
BB	투기적인 신용 상태, 채무불이행 위험 증가 가능성 상존
B	매우 투기적인 신용 상태, 채무불이행 위험 상존
CCC	불량한 신용 상태, 채무불이행 위험 높음
CC	매우 불량한 신용 상태, 채무불이행 위험 매우 높음
C	최악의 신용 상태, 채무불이행 불가피
D	채무불이행 상태

Q 일반적으로 'A등급 이상'은 안정적 투자 등급, 'BB 이하'는 투기 등급으로 분류된다. 따라서 초보 투자자라면 A~AAA등급의 국채나 특수채(공기업체)처럼 안정성이 높은 상품부터 시작하는 것이 좋다.

신용등급은 기업이 빌린 돈을 얼마나 잘 갚을 수 있는지를 수치화한 지표라고 보면 된다. 따라서 일반적으로 BBB등급 이상의 채권에 투자하는 것이 좋다. 그 이하 등급은 수익률은 높을 수 있지만, 안정성이 떨어져 리스크가 커진다.

등급이 높을수록 수익률은 다소 낮아진다. 하지만 예금·적금보다 높은 금리와 일정 수준의 안정성을 동시에 확보할 수 있다는 점에서, 채권은 안정형 투자와 공격형 투자 사이의 균형 잡힌 선택지라고 할 수 있다.

채권은 이자를 언제, 어떤 방식으로 받느냐에 따라서도 나뉜다. 크게 세 가지 유형으로 구분할 수 있다.

구분	설명
이표채	정해진 지급일마다 이자를 주기적으로 지급하는 채권
할인채	만기에 받을 이자를 미리 공제하여 발행하는 채권
복리채	이자 지급 기간 동안 복리로 이자가 재투자되어 만기 시 원금과 이자가 함께 지급되는 채권

이처럼 채권은 만기 구조, 발행 주체, 신용등급, 이자 지급 방식 등 여러 기준에 따라 세분화된다. 처음엔 다소 복잡하게 느껴질 수 있지만, 기준금리가 고점에 다다랐다고 판단되는 시점이 바로 채권을 살펴보기 좋은 타이밍이다.

단기 자금을 현명하게 굴리는 법, 발행어음

이번에는 발행어음에 대해 이야기해보자. 이름에 '어음'이 들어가지만, 우리가 흔히 생각하는 약속어음이나 수표처럼 종이에 서명하는 전통적인 어음은 아니다.

발행어음은 증권사가 단기 자금 조달을 위해 발행하는 단기금융상품이다. 구조는 단순하다. 증권사가 고객의 자금을 일정 기간 맡아 운용한 뒤, 만기 시 약속한 수익률을 지급하는 방식이다. 한마디로 말해 증권사가 만든 단기 예금 상품이라고 보면 된다.

정기예금처럼 한 번에 목돈을 맡기는 만기형(또는 약정형), 매달 일정 금액을 납입하는 적립형, 필요할 때 수시로 입출금할 수 있는 수시형(또는 CMA형), 그리고 일부 증권사에서 판매하는 외화형 상품이 있다.

어떤 상품을 선택할지는 돈의 성격에 따라 달라진다. 잠시 굴릴 여유 자금이라면 수시형이나 만기형이, 일정 기간 꾸준히 모으고 싶다면 적립형이 더 적합하다. 공통적으로 은행 예금이나 적금보다 수익률이 조금 더 높고, 만기가 짧아(대부분 1년 이내) 단기 자금 운용에 적합하다.

다만, 발행어음은 원금이 보장되지 않고 예금자 보호 대상에도 포함되지 않기 때문에 신중한 선택이 필요하다. 조금이라도

발행어음의 주요 유형

구분	설명
수시형 (또는 CMA형)	만기 없이 자유롭게 입출금할 수 있는 수시입출금식 상품. CMA 계좌와 연동되어 자동으로 발행어음을 매수·매도하는 형태도 있다.
만기형 (또는 약정형)	1년 이내에서 고객이 원하는 만기일을 선택해 예치하는 상품. 만기 시 원금과 이자를 함께 받는다.
적립형	매달 약정된 금액을 정기적으로 납입하는 상품. 만기 시 원금과 이자를 함께 받는다.
외화형 (일부 증권사)	달러 등 외화로 투자할 수 있는 상품. 환율 변동에 따라 수익률이 달라질 수 있다.

높은 금리를 노리다 보면, 자칫 위험한 상품에 돈이 묶일 수도 있으니 주의해야 한다.

발행어음을 선택할 때 가장 먼저 확인해야 할 것은 신용등급이다. 발행어음은 대부분 1년 이내의 단기 상품이기 때문에 기업의 장기 신용등급(AAA~D)이 아니라 단기 신용등급(A1~D)으로 평가된다.

일반적으로 A1등급은 최상위 수준의 신용도를 의미하며, A2~A3등급은 양호한 편이지만 상대적으로 안정성이 다소 떨어진다. 따라서 처음 투자하는 사람이라면, A등급 이상의 증권사가 발행한 상품을 선택하는 것이 안전하다.

신용등급	등급의 정의
A1	적기상환가능성이 최상급
A2	적기상환가능성이 우수하지만, 상위등급(A1)에 비해 다소 부족한 면이 있다.
A3	적기상환가능성은 일정 수준 인정되지만, 단기적인 환경 변화에 따라 영향을 받을 수 있다.
B	적기상환가능성에 불확실성이 내포되어 투기적 요소가 크다.
C	적기상환가능성이 의문시되고 채무불이행의 위험이 매우 높다.
D	상환불능상태

발행어음은 증권사가 발행 주체가 되기 때문에, 결국 해당 증권사의 신용도가 상품의 안정성을 좌우한다. A2부터 B등급까지는 '+'와 '-' 부호를 붙여 같은 등급 내에서도 우열을 구분하기도 한다. 일반적으로는 A등급 이상의 대형 증권사가 발행한 어음일수록 안정성이 높고 리스크가 적다. 나 역시 평소 A등급 이상 증권사의 상품만 선택하고 있다.

물론 신용등급이 낮다고 해서 무조건 나쁜 것은 아니다. 다만 수익률이 높을수록 그만큼 위험도 함께 따른다는 점을 기억해야 한다. 예를 들어 B등급 이하 증권사가 발행한 어음은 높은 수익률을 내세울 수 있지만, 만기 시 원금을 돌려받지 못할 가능성도 존재한다. 따라서 단지 금리가 높다는 이유만으로 선택하는 것은 위험하다.

발행어음은 통화 기준에 따라 원화 발행어음과 외화 발행어음으로 나뉜다. 원화 발행어음은 우리가 일상에서 사용하는 원화를 기준으로 발행되는 상품으로, 환율 변동 위험이 없다는 장점이 있다. 대부분의 투자자에게 가장 익숙한 형태이며, 국내에서 가장 일반적으로 사용된다.

반면 외화 발행어음은 달러(USD), 유로(EUR) 등 외화를 기준으로 발행되는 상품이다. 보통 원화 상품보다 금리가 높지만, 환율 변동 리스크가 있다는 점을 유의해야 한다. 따라서 외화 자산을 운용하거나 분산 투자가 목적이라면 고려해볼 만한 선택지다.

요약하자면 예금·적금보다 높은 수익률을 기대하면서도 리스크를 최소화하고 싶은 사람에게 발행어음은 좋은 대안이 될 수 있다. 물론 예금자 보호가 되지 않기 때문에 무조건 안전하다고 할 수는 없다. 하지만 신용등급이 높은 증권사의 상품을 잘 선택한다면, 단기 자금을 운용하기에는 충분히 좋은 선택이 될 수 있다.

나 역시 매달 일정 금액을 적립식 발행어음에 넣고 있다. 단기 목적 자금이나 당장 쓰지 않을 여유 자금은 이렇게 운용하는 편이 더 효율적이라고 생각한다.

단기 금융상품이라고 해서 무조건 정기예금만 떠올렸던 사람이라면, 발행어음도 한 번쯤 경험해보길 권한다. 예금·적금보다 이자는 더 높고, CMA 연계형을 활용하면 자동 운용이 가능해 관리도 편하다.

물론 상품을 고를 때는 신용등급을 꼭 확인하고, 만기와 중도해지 조건도 꼼꼼히 체크해야 한다. 결국 중요한 것은 수익률만 쫓는 것이 아니라, 나의 목적에 맞게 안정성과 유동성을 함께 고려하는 일이다.

예금·적금만으로는 돈을 불리기 어려운 시대다. 이제는 '단순히 돈을 모으는 것'이 아니라 '가치를 지켜가며 모으는 것'이 중요하다. 지금처럼 고물가 시대에는 가만히 묻어두는 돈이 아니라, 스스로 움직이고 일하게 만드는 돈이 필요하다. 채권과 발행어음은 그 돈을 현명하게 움직이게 만드는 또 하나의 방법이며, 제대로 이해하고 공부할 가치가 있는 대안이다.

금리 비교 사이트

1. 전국은행연합회 소비자포털
   시중은행의 예금·적금 금리를 한눈에 비교할 수 있다.

2. 금융감독원 금융상품 한눈에
   은행뿐 아니라 저축은행, 보험사, 증권사 상품까지 통합 비교할 수 있다.

돈을 부르는 습관 만들기

풍돈을 모으면 목돈이 된다는 사실을 알게 되더라도 대부분의 사람은 여기서 멈춘다. "알면서도 잘 안 돼요.", "작심삼일이에요." 이렇게 말하는 이유는 단순하다. 아직 습관이 되지 않았기 때문이다.

앞서 말한 생활비 절약이나 풍돈 모으기도 물론 도움이 된다. 그러나 그런 노력들이 진짜 효과를 내려면 하루하루 돈을 대하는 태도와 습관 자체가 바뀌어야 한다. 매일, 작게, 반복적으로. 작지만 일상에 스며든 습관만이 결국 삶을 바꾼다.

서점의 재테크 코너에 가본 적이 있는가? 어떤 때는 주식, 어떤 때는 부동산, 또 어떤 때는 코인이나 부업 관련 책들이 눈에 띈다. 유행하는 재테크 트렌드에 따라 책이 진열되는 위치노 조금씩 달라지기 때문에, 나 역시 종종 서점에 들러 흐름을 살펴본다.

그런데 주제가 무엇이든, 어떤 책이든 빠지지 않고 등장하는 공통 키워드가 있다. 바로 '습관'이다. 월급 관리에 관한 책이라면 절약이나 가계부 작성 습관이, 투자와 관련된 책이라면 정보를 찾고 분석하는 습관이 강조된다. 심지어 부자들의 습관만 따로 연구하거나 인터뷰한 책들도 많다. 이런 책들을 보다 보면 깨닫게 된다. 돈을 다루는 기술보다 중요한 것은 그걸 지속하게 만드는 습관이라는 사실이다.

요즘처럼 정보가 넘치는 시대에는 자신이 이미 다 알고 있다고 착각하기 쉽다. 그러나 아무리 많은 정보를 알고 있어도, 직접 실천하지 않고 내 것으로 만들지 않으면 사실상 모르는 것이나 다름없다.

'미라클 모닝'이라는 말을 많이 들어봤을 것이다. 대부분의 자기계발서나 성장 스토리에서 빠지지 않고 등장하는 단골 주제다.

"그거 일찍 일어나는 거잖아. 나도 해봤는데…."

많은 사람이 이렇게 말한다. 하지만 옆에서 들은 말이나, 하루 이틀 잠깐 시도해본 경험만으로 미라클 모닝을 안다고 착각한다. 그러나 아는 것과 실제로 삶에 뿌리내려 실천하는 것은 완전히 다르다. 내 것으로 만들지 못했다면, 그건 아는 게 아니라 '안다고 착각하는 상태'에 불과하다. 그러니 결과도 따라오지 않고, 결국 아무것도 변하지 않는다.

사실 부자들의 습관이라고 해서 특별할 건 없다. 일찍 일어나기, 침구 정리하기, 책 읽기처럼 너무 사소하고 평범해서 우리는 무시하거나 쉽게 건너뛴다. 그래서 못 하는 것이 아니라, 안 하는 것이다. "누구나 할 수 있지만, 아무나 할 수 없다"는 말처럼 습관이란 결국 그렇게 단순하면서도 어려운 일이다. 그래서 좋은 습관을 가진 사람들이 성공한 것이 아닐까.

나는 로또 당첨처럼 운에 기대거나 단기간에 큰돈을 버는 요행보다, 느리더라도 단단하게 변화하는 삶을 선호한다. 그래서 늘 '습관'이라는 주제에 관심이 많았다. 도대체 어떤 습관을 지니면 부자가 될 수 있을까? 그 습관을 내 것으로 만들면 나도 부자가 될 수 있을까? 그런 궁금증으로 할 수 있는 일부터 하나씩 실천해봤다. 아직 '부자'라고 부를 순 없지만, '예비 부자'로서 내 마인드를 바꾸고 인생의 방향을 다져준 몇 가지 습관을 소개하고자 한다.

정리하기

정리를 한다고 해서 돈이 바로 생기는 것은 아니다. 그런데 놀랍게도 정리를 시작하면 돈이 덜 새고 덜 쓰게 되며, 그 결과로 돈이 모이기 시작한다. 왜일까?

드라마나 영화 속 부잣집과 가난한 집을 떠올려보자. 그 집의 가구 배치는 어땠고 조명은 어떤 색감이었으며, 물건의 양은 얼마나 있었는가?

일본 작가 다네이치 쇼가쿠는 《머니스위치》에서 공간 연출의 핵심을 '물건의 양'이라 말한다. 드라마나 영화에서 가난한 집을 표현할 때는 빈 벽이 없을 만큼 물건을 가득 채워 넣고, 조명도 다소 어둡게 연출한다. 그것만으로도 우리는 그 공간을 '가난하다'고 인식한다. 반면 부잣집은 여백이 많고 가구 사이의 간격도 넓으며, 조명은 밝고 따뜻한 톤으로 공간을 한층 넓고 여유롭게 보이게 한다. 물건이 가지런히 정리되어 있다는 점도 공통적이다.

이렇듯 우리는 가구 배치, 조명의 밝기, 물건의 양 같은 공간의 정보만으로도 이미 그 집의 경제적 상태를 읽어낸다. 그만큼 우리의 의식은 공간의 영향을 많이 받는다. 그래서 공간을 정리하고 비우는 습관은 단순히 보기 좋게 만드는 데서 그치지 않는다. 사고방식과 소비 패턴에도 직접적인 영향을 미친다. 어떤 물건을 남기고, 어떤 물건을 비울지 결정하는 과정은 결국 '내가 어떤 기준으로 살고 있는가'를 드러내는 일이다. 소비의 우선순위 역시 내가 머무는 공간 속에 자연스럽게 드러난다.

나는 재테크를 잘해보겠다는 마음으로 미니멀라이프를 시작한 게 아니었다. 둘째 아이를 임신한 몸으로 첫째를 돌보며 집안일까지 병행하던 시절, 육아용품으로 가득 찬 집을 바라보다 보니 자연스럽게 여유 있는 공간을 원하게 되었다. 그러다 도미니크 로로의 《심플하게 산다》를 읽게 되었고, 그 책을 계기로 미니멀라이프를 시작했다.

신기하게도 물건이 줄자 육아도 한결 편해지고, 어지럽던 생각들도 정리되기 시작했다. 쓸데없는 소비가 줄고 돈의 흐름도 단순해졌다. 그렇게 정리는 나의 라이프스타일이 되었고, 이제는 돈을 다루는 감각까지 길러주는 습관이 되었다.

여기서 말하는 '정리'는 단순히 '정돈'을 뜻하는 것이 아니다. 정리란 '문제가 되거나 불필요한 것을 줄이거나 없애서 말끔하게 바로잡는 일'로, '제거하다, 버리다'라는 의미를 포함한다. 반면 정돈은 '어지럽게 흩어진 것을 규모 있게 고쳐 놓거나 가지런히 바로잡는 일'로, 주로 '물건을 있어야 할 자리에 잘 두는 행위'에 가깝다. 즉, 정리는 '불필요한 것을 덜어내는 과정', 정돈은 '남은 것을 보기 좋게 두는 과정'이다. 표면적으로는 비슷해 보이지만 정리는 줄이고 버림으로써 질서를 만들고, 정돈은 남겨진 것들로 질서를 유지하는 것이다.

예를 들어, 책장을 정리한다며 책을 모두 꺼냈지만 아무것도 비워내지 않고 단지 배치만 바꿨다면, 그것은 정리가 아니라 정돈이다. 내가 말하는 습관은 정돈이 아니라, 비움이 동반된 정리다. 그렇다면 어떻게 정리를 시작해야 할까? 단순하지만 세 단계면 충분하다.

① 모든 물건을 꺼낸다.
② 비울 물건과 남길 물건을 구분한다.
③ 남길 물건만 수납한다.

가장 먼저 흩어져 있는 물건들을 모두 꺼내 한곳에 모으자. '오늘은 서랍 한 칸, 내일도 서랍 한 칸'처럼 조금씩 나누어 하는 방법은 이미 한 차례 정리를 끝낸 사람들에게 적합한 '유지형 정리법'이다.

하지만 처음으로 비움을 시작하는 단계라면, 같은 종류의 물건은 반드시 한자리에 모아야 한다. 그래야 내가 가진 물건의 전체 양을 한눈에 파악할 수 있고, 무엇을 비워야 할지 기준을 세우기도 훨씬 수월하기 때문이다.

많은 사람이 그다음 단계, 즉 비울 물건과 남길 물건을 구분하는 일에서 가장 어려움을 느낀다. 물건을 다 꺼내 놓고도 막상 무엇을 비워야 할지 몰라서 고민만 하다가, 결국 아무것도 버리지 못한 채 다시 넣어두는 경우가 많다.

이때 내가 제안하는 가장 쉬운 방법은 '쓰레기부터 비우는 것'이다. 왜냐하면 쓰레기는 비워도 전혀 아깝지 않기 때문이다. 물론 쓰레기의 기준은 사람마다 다르다. 누군가에게는 고장 난 물건만 쓰레기일 수 있지만, 다른 누군가에게는 사용할 수 있지만 1년 넘게 쓰지 않은 물건도 쓰레기로 분류될 수 있다.

따라서 이 단계에서 가장 중요한 것은 '나만의 기준'을 세우는 일이다. 그래도 어렵다면 '더 미니멀(https://www.theminimal.kr/)' 홈페이지에서 제공하는 '비움 체크리스트'나 '미니멀 빙고 툴킷'을 내려받아 따라 해보자.

내가 실제로 물건을 비우고 정리해온 과정을 알고 싶다면, 전작 《하나를 비우니 모든 게 달라졌다》를 참고해도 좋다. 비움은 단순히 물건을 덜어내는 일이 아니라, 결국 나를 정리하는 일임을 느끼게 될 것이다.

물건을 다 비워냈다면, 이제 남길 물건만 수납하면 된다. 남은 물건의 크기와 양에 따라 어디에, 어떻게 보관할지가 정해진다. 따라서 수납 용품은 이 단계에서 구매하는 것이 가장 효율적이다. 정리를 시작하자마자 수납 용품부터 사는 사람이 많은데, 그러면 남긴 물건의 크기와 맞지 않아 결국 다시 사야 하는 일이 생긴다.

정리의 목적은 '물건을 줄이는 것'이지 '수납 용품을 늘리는 것'이 아니다. 또한 이 단계에서는 차 키, 외투, 자주 드는 가방, 한 번 입은 외출복처럼 자잘한 물건들까지 모두 제자리를 정해 줘야 한다. 그래야 정리된 상태를 오래 유지할 수 있다.

정리 습관이 삶에 자리 잡으면 소비에도 자연스럽게 기준이 생긴다. "이 물건이 지금 나에게 꼭 필요한가?"라는 질문이 습관처럼 떠오르고, 이 질문이 무분별한 지출을 막아준다. 결국 정리는 돈이 새는 구멍을 막아주는 가장 현실적인 재테크 습관이다.

냉장고 파먹기

"돈을 모을 수 있는지 없는지는 식비를 보면 알 수 있다"는 말이 있다. 실제로 대부분의 가정에서 생활비 중 가장 큰 비중을 차지하는 항목이 바로 식비다.

우리 집도 마찬가지였다. 생활비가 많이 나갈 때는 언제나 외식비가 높았고, 반대로 생활비가 적게 나온 달은 집밥을 늘렸을 때였다. 결국 식비를 얼마나 효율적으로 관리하느냐가 돈을 모으는 데 가장 직접적인 영향을 준다.

식비 관리에서 중요한 건 바로 '냉장고 파먹기(냉파)'다. 새로 장을 보기 전에 냉장고에 남은 식재료부터 먼저 소비하는 단순한 습관이지만, 이 하나만으로도 식비가 눈에 띄게 줄어든다. 어떤 사람들은 '냉장고 털어먹기(냉털)'라고 부르기도 한다. 이름은 다르지만 본질은 같다.

실제로 내가 만난 한 수강생은 맞벌이 부부로 초등학생 자녀를 키우고 있었는데, 매일 저녁 외식이 기본이었다. 퇴근 후 피곤해 장을 보거나 요리할 여유가 없었던 것이다. 그런데 냉장고 파먹기를 시작하면서 큰 변화가 생겼다. 냉장고를 비우는 재미에 빠지더니, 4개월 만에 식비 전용으로 쓰던 신용카드를 없애고 지금은 체크카드만 사용하고 있다고 했다.

〈Part 2. 돈 정리하기〉에서 이야기했듯, 신용카드는 결국 빚이다. 이 사례는 단순히 결제 수단이 바뀐 것이 아니라, '빚내서 식사하는 생활'에서 '현재 가진 돈으로 식사하는 생활'로 바뀐 변화였다. 게다가 냉장고 파먹기를 하면서 요리에도 흥미가 생겼다고 했다. 이처럼 냉장고 파먹기는 단순한 식비 절약을 넘어 소비 습관과 생활 태도까지 바꾸는 힘이 있다.

냉장고를 잘 파먹기 위해서는 역시 정리부터 해야 한다. 앞서 소개한 정리 습관이 중요한 이유가 바로 여기에 있다. 정리의 세 단계를 냉장고에도 그대로 적용해보자.

① 냉장고에 있는 모든 식재료를 꺼낸다.
② 유통기한이 지난 식재료나 음식 배달 시 받은 소스 등은 과감히 비운다.
③ 남길 식재료는 각자 자리를 정해 수납한다.

이때 반찬의 양에 비해 용기가 너무 크다면, 작은 용기로 교체해주는 것이 좋다. 공간이 절약되고, 안에 무엇이 들어 있는지 한눈에 보이기 때문에 불필요한 중복 구매도 막을 수 있다.

나만의 팁이 있다면, 냉장고 안에 '바구니 하나'를 두는 것이다. 이 바구니는 평소에는 비워 두다가 자투리 채소나 두부 반모, 유통기한이 얼마 남지 않은 가공식품이 생기면 그 안에 모아 두는 용도다.

자투리 채소를 야채 칸에 다시 넣었다가 있는 줄도 모르고 상해서 버리거나, 이미 개봉한 식품을 유통기한이 지난 뒤 발견해서 버린 경험이 누구에게나 있을 것이다. 이 바구니에 그런 식재료를 모아두면 냉장고 문을 열 때마다 먼저 처리해야 할 재료가 한눈에 보인다. 그 덕분에 음식물 쓰레기는 줄고 식비 절약 효과도 커진다.

우리 가족이 식비를 크게 줄일 수 있었던 이유 중 하나도 바로 이 냉장고 파먹기 습관 덕분이었다. 먹고 싶은 메뉴보다 '냉장고 안의 식재료'를 기준으로 식단을 짜는 것이 핵심이다.

예를 들어, 애호박 반 개가 남아 있다면 애호박 계란 오믈렛, 유통기한이 임박한 두부가 있다면 두부 간장소스 덮밥, 남은 고기나 채소가 있다면 볶음밥을 만든다. 냉장고 파먹기는 단순히 식비를 절약하는 방법이 아니라, 재료 하나하나에 집중하며 음식을 더 알차게 즐기는 습관이기도 하다.

 냉장고는 단순한 보관 공간이 아니라, 나의 소비 습관이 고스란히 드러나는 '살아 있는 가계부'다. 어떤 재료를 자주 사고, 어떤 음식이 늘 남는지를 보면 내가 얼마나 계획 없이 장을 보고 있는지도 알 수 있기 때문이다. 냉장고 파먹기의 핵심은 아주 간단하다.

> ① 장을 보기 전, 냉장고를 먼저 살핀다.
> ② 있는 재료를 기준으로 식단을 계획한다.
> ③ 유통기한이 임박한 식재료는 눈에 잘 띄는 곳에 꺼내 둔다.

 이 습관만 잘 들여도 음식물 쓰레기는 줄고 장보는 주기는 길어지며, 식비는 자연스럽게 줄어든다. 냉장고를 파먹는 습관은 식비 절약 노하우이자 있는 것을 끝까지 잘 쓰는 태도이며, 지출보다 활용을 먼저 고민하는 소비 습관이다. 이런 생활이 반복되면 결국 돈도 자연스럽게 따라온다.

책 읽기

 성공한 사람들에게는 공통점이 있다. 분야는 달라도 모두 책을 가까이한다는 점이다. 마이크로소프트 창립자 빌 게이츠 역시 소문난 책벌레로 알려져 있다.

다큐멘터리 〈인사이드 빌 게이츠〉를 보면, 그는 매년 '생각 주간'이라 부르는 시간을 갖는다. 1년에 한두 번 외부와의 모든 접촉을 끊고 오롯이 독서와 사색에만 몰두하는 기간이다. 그 주간에 그는 궁금했던 문제를 정리하고, 새로운 아이디어의 실마리를 찾으며, 스스로의 판단을 검증한다. 그 시간은 그의 삶과 사업에 결정적인 전환점이 되어 왔다고 한다. 커다란 에코백 가득 책을 넣고 조용한 별장으로 향하는 그의 모습은 '공부는 여전히 가장 강력한 투자'라는 사실을 보여준다.

이처럼 책은 정보를 얻는 수단을 넘어 사고의 깊이를 더하고, 방향을 잡게 해주는 도구가 된다. 빠르게 흘러가는 일상 속에서 책은 잠시 멈추어 자신을 돌아보게 하고, 잊고 지냈던 생각의 결을 일깨워준다. 그렇기에 누군가의 경험과 통찰을 단 몇만 원으로 얻을 수 있다는 건 놀라운 일이다. 이보다 가성비 좋은 자기계발이 또 있을까. 온라인 검색으로도 필요한 정보를 금세 찾을 수 있지만, 책에서 얻는 깊이와 연결감은 다르다. 검색은 단편적인 지식을 던져주지만, 책은 그것을 삶의 맥락 속에서 다시 엮어낸다.

책은 단순한 정보가 아니라, 생각을 다시 짚어보고 삶을 돌아보게 만드는 힘이 있다. 한 권의 책을 끝까지 읽는 일은 단순히 새로운 사실을 아는 것이 아니라, 생각의 방향을 세우고 삶의 속도를 조절하는 일과 같다.

  나 역시 책을 통해 삶의 방향이 조금씩 바뀌었다. 미니멀라이프를 시작했을 때도, 돈 관리를 배울 때도 그 출발점에는 늘 책이 있었다.

  지금 내가 강의나 글을 통해 전하고 있는 내용들도 대부분 책에서 배운 것을 직접 실천하며 얻은 경험과 통찰을 정리한 것이다. 책에서 시작된 변화가 내 삶을 다듬고 지금의 일로 이어졌다는 점에서, 책은 내게 가장 든든한 성장의 도구였다.

  특히 나는 책을 읽을 때 '디깅 독서'를 한다. '디깅 digging'은 파고든다는 뜻으로, 하나의 주제를 깊이 있게 몰입해 읽는 방식이다. 같은 주제의 책을 서너 권 연달아 읽다 보면 공통된 맥락과 핵심 개념이 자연스럽게 연결되며 머릿속에 자리 잡는다. 이렇게 10권, 20권까지 읽어나가면 단순히 책의 내용을 이해하는 단계를 넘어, 그 주제를 나만의 언어로 설명할 수 있는 힘이 생긴다.

  이 책을 다 읽고 난 뒤에는 재테크를 주제로 '디깅 독서'를 이어가보길 추천한다. 어떤 책은 가계부 작성과 절약의 중요성을 다루고, 또 어떤 책은 경제의 큰 흐름을 이야기하며, 어떤 책은 돈의 역사나 소비 심리를 탐구한다. 재테크 책을 다양하게 읽다 보면 반복적으로 등장하는 개념이 눈에 띈다. 또한 저자미다 시각이 다르기 때문에 그 차이를 비교하며 읽는 과정에서 자연스럽게 내 생각이 정리된다. 그렇게 쌓인 통찰이 결국 나만의 기준과 재테크 노하우로 발전한다.

처음엔 책을 읽는 일이 생각보다 쉽지 않다. 마음은 있지만 일상에 치이다 보면 책을 펼칠 여유조차 사라지기 때문이다. 하지만 한 권, 두 권 꾸준히 읽다 보면 자연스럽게 돈에 대한 감각이 생기고, 생각의 폭도 넓어진다. 그렇게 읽는 시간이 쌓이면 책이 점점 더 가까워지고, 어느새 일상의 일부가 된다. 결국 이 작은 습관이 돈을 바라보는 관점을 바꾸고, 재테크로 이어지는 중요한 연결 고리가 된다.

역산사고 하기

역산사고란 원하는 목표를 먼저 정한 뒤, 그 목표에 도달하기 위해 앞으로 무엇을, 어떤 순서로 해야 할지를 거꾸로 계산해보는 사고법이다. '역방향 스케줄링' 또는 '역산 스케줄링'이라고도 불린다.

예를 들어, 다음 달 말까지 보고서를 제출해야 한다면 초고는 언제까지 쓰고, 자료조사는 언제까지 할지를 역으로 계획하는 식이다. 주로 시간 관리에 활용되지만, 돈을 모을 때 적용해도 매우 유용하다.

우리는 대체로 '월급에 맞춰' 저축액을 정한다. 생활비와 각종 지출을 제하고 남는 돈을 저축하거나 일정 기간 묶어두는 방식으로 관리하곤 한다. 하지만 이런 방식으로는 목표 금액에 도달하기 어렵다. 적금 만기 금액을 확인하면 생각보다 적어서 실망하고, 아무리 열심히 모아도 목돈 만들기가 쉽지 않다는 생각에 좌절하기 쉽다.

특히 투자 종잣돈을 마련하려면 몇천만 원에서 억 단위의 금액이 필요하다는 현실을 깨닫는 순간, '그럴 바엔 지금을 즐기자'는 마음으로 돈 모으기를 포기하는 경우도 많다.

하지만 역산사고는 기존의 흐름을 거꾸로 뒤집는다. "○○까지 ○○○원을 모으자"는 목표부터 세우는 것이다. 즉, '이번 달에 얼마를 남길 수 있을까?'가 아니라 '1년 뒤 얼마를 만들고 싶은가?'에서 출발한다. 목표가 분명해지면 자연스럽게 '월 수익을 ○○○원으로 만들려면 어떻게 해야 할까?', '수익을 늘리려면 어떤 노력이 필요할까?', '지금 당장 시작할 수 있는 일은 무엇일까?'처럼 구체적인 행동 계획으로 이어진다.

복표 기간과 금액이 명확하니 저축액도 계산되고, 수입이 부족하면 새로운 수익원을 찾게 된다. 이렇게 하면 막연했던 '절약'이 구체적인 '계획'이 되고, 단순한 절약이 아닌 '실행 가능한 재테크'로 바뀌게 된다.

일반적인 사고 vs 역산 사고

일반적인 사고	역산 사고
월급이 OOO원이네? ↓ 한 달에 OOO원 정도 쓰니까 월 OOO원씩 저축할 수 있겠다! ↓ 1년이면 OOO원, 10년이면 OOO원이네? ↓ 1억 모으기 너무 힘들다. 그냥 즐기면서 살래!	O년 안에 OOO원을 모아야지! ↓ 그럼 매달 OOO원씩 모아야 하네. ↓ 그 정도로 저축하려면, 월 수익이 OOO원은 되어야 생활비도 쓰고 저축도 가능하겠어. ↓ 월 수익을 OOO원만큼 늘리려면 뭐부터 해야 할까? ↓ OOO부터 도전해 볼까? 지금 당장 내가 할 수 있는 건 무엇일까?

이처럼 역산사고 습관을 들이면 지금의 상황을 명확히 파악하고, 목표 달성을 위해 지금 무엇을 해야 할지 구체적으로 알 수 있다. 그만큼 역산사고는 목표 실현 가능성을 높여주는 강력한 사고 도구다. 일본의 대표 경영 컨설턴트이자 CEO들의 멘토로 알려진 간다 마사노리는 이렇게 말한다.

"99%의 사람은 현재를 보며 미래를 예측하지만, 단 1%의 사람만이 미래를 내다보며 지금 무엇을 해야 할지를 생각한다."

그는 바로 이 1%에 속하는 사람이 성공한다고 강조한다. 결국 '어떻게 생각하느냐'는 '무엇을 하느냐'만큼이나 중요하다. 물론 "일단 행동하면 생각은 따라온다"는 말도 있지만, 목표 없는 행동은 방향을 잃기 쉽다.

그래서 내가 〈Part 1. 돈 정리하기〉의 '부자가 되는 돈 관리 5단계 로드맵'에서 재무 목표를 세우는 일부터 시작해야 한다고 강조했던 것이다. 무작정 아끼는 것도 좋은 습관이지만, 그보다 더 중요한 건 돈을 대하는 사고방식의 차이다.

습관만으로 부자가 될 수 있냐고 묻는다면, 100% 그렇다고 말하기는 어렵다. 그리고 다른 사람의 습관이 나에게도 맞는다는 보장은 없다. 하지만 한 가지는 확실하다. 성공한 사람들은 예외 없이 자신만의 건강한 습관을 갖고 있다는 점이다. 처음에는 그들의 방식을 따라 하더라도, 결국 그 과정 속에서 나에게 맞는 방법이 생기고, 더 편하고 지속 가능한 루틴으로 발전시킬 수 있다. 나는 그 지점에 바로 '습관 형성의 핵심'이 있다고 생각한다. 완벽하게 잘할 필요는 없다. 매일, 조금씩, 꾸준히 해보는 것, 그것만으로도 충분하다.

사람들에게 좋은 습관의 중요성을 이야기하면 자주 듣는 말이 있다.

"시간이 없어요.", "단 15분도 제 시간을 내기 힘들어요."

그럼 한 번 계산해보자. 하루 24시간은 1,440분이다. 그중 1%는 약 15분이다. 하루의 1%조차 나를 위해, 돈을 모으기 위해,

수익을 늘리기 위해 쓰기 어렵다면, 과연 미래가 변할 수 있을까? 휴대폰의 스크린 타임을 켜보면 금세 알 수 있다. 우리는 "시간이 없다"고 말하면서도, 매일 몇 시간씩 메신저나 SNS를 보며 의미 없이 시간을 흘려보내고 있다.

그래서 나는 어떤 일이 귀찮고, 막막하고, 하기 싫게 느껴질 때마다 스스로에게 말한다.

"딱 15분만 하자."

딱 15분만 생각해보고, 정리해보고, 기록해보는 것이다. 짧은 시간 같지만, 매일 15분씩 책을 읽으면 1년에 20권의 책을 읽을 수 있고, 하루 15분 운동은 한 달에 7시간 30분을 내 몸에 투자하는 셈이다.

하루의 단 1%, 15분은 누구나 낼 수 있는 시간이지만, 그 시간을 어디에 쓰느냐에 따라 미래는 완전히 달라진다. 오늘의 15분을 나를 위해, 그리고 내가 원하는 삶을 위해 써보자.

돈을 밝히는 아이가 아닌, 돈을 다룰 줄 아는 아이로

"아직 어리고, 돈을 제대로 쓸 줄도 모르는데 굳이 용돈을 줘야 할까요?", "얼마를 줘야 할지 몰라서 그냥 카드를 줘요."

이렇게 질문하는 부모들도 있다. 나 역시 처음엔 비슷했다. '어차피 써봤자 얼마나 쓰겠어' 하는 마음으로 내 카드를 건네거나 아이용 카드를 만들어줬다.

하지만 아이가 돈을 접할 기회조차 없다면 어떻게 돈을 배울 수 있을까. 그래서 오히려 용돈은 꼭 필요하다고 느꼈다. 작은 돈을 직접 써보고 모아보는 경험이 있어야 나중에 큰돈을 다룰 때도 판단력을 잃지 않는다.

전문가들은 아이들이 용돈을 통해 가장 기본적인 '돈 감각'을 배운다고 말한다. 한정된 돈 안에서 우선순위를 정하고, 지금 나

쓸지 조금 남겨둘지를 스스로 판단하며 결정하는 힘을 기를 수 있기 때문이다. 사실 이런 감각은 어른이 되어서도 평생 배워야 하는 능력이다.

그래서 나는 우리 아이들에게 용돈을 단순히 '주는 것'에서 멈추지 않고, '어떻게 잘 다루게 할까?', '어떤 기준으로 관리하도록 도와줄까?'를 중심으로 고민했다. 아이 셋을 키우다 보니, 나이에 따라 얼마를 줄지부터 그 돈을 어떻게 쓰고 남길지를 돕는 방식까지 조금 더 세심하게 살펴보게 되었다.

4칸 저금통 실험

가장 먼저 적용해본 것은 EBS 다큐멘터리 〈자본주의〉에서 본 '4칸 저금통'이었다. 저축, 소비, 기부, 투자 이렇게 네 칸으로 나눈 돼지저금통인데, 이 단순한 구조 속에 꽤 많은 의미가 담겨 있었다.

저축이 제일 앞에 있는 이유는 그만큼 중요하기 때문이다. 이 저금통을 통해 돈을 목적에 따라 나누는 법을 자연스럽게 배울 수 있었다. 단순히 저축만 강조하는 것이 아니라, 용돈을 스스로 써보는 자유도 주고, 기부를 통해 나눔을 경험하며, 미래를 위한 투자까지 생각해보게 하는 방식이었다.

출처 : EBS 다큐멘터리 〈자본주의〉 3부

하지만 실제로 다큐멘터리 속 저금통과 똑같은 제품은 찾기 어려워 나는 3칸으로 나뉜 저금통을 구매했다. 저축, 소비, 기부 세 가지 목적을 정하고, 아직 글을 모르는 막내를 위해 칸마다 그림을 붙여주었다. 저축에는 동전 그림을, 소비에는 갖고 싶은 장난감을, 기부에는 하트 모양을 프린트해 붙였더니 아이도 금세 의미를 이해했다.

용돈을 받으면 대부분 소비 칸에 넣었지만, 명절처럼 큰돈을 받는 날엔 스스로 저축과 기부 칸에도 나눠 넣었다. 소비 칸이 높이 모여 결국 원하는 장난감을 살 수 있었을 때, 나는 온라인이 더 저렴하다는 걸 알면서도 일부러 아이와 함께 장난감 매장에 갔다. 돈을 모으고 쓰는 과정을 직접 경험하게 해주고 싶었기 때문이다. 오랜 고민 끝에 고른 장난감을 손에 들고 매상을 나섰을 때, 아이의 얼굴엔 뿌듯함이 가득했다. 그 모습을 보니 나도 모르게 미소가 지어졌다. 아직 어려서 이 방식이 얼마나 효과적인지는 모르지만, 분명 좋은 연습이 되고 있다는 걸 느꼈다.

목표가 있는 통장

이와 동시에 초등학교에 입학한 첫째와 둘째는 '돈을 모으는 연습'도 함께 시작했다. 아이마다 하나씩 자유적금 계좌를 만들어주었고, 계좌 이름은 단순히 '적금 통장'이 아니라, 〈Part 4. 돈 모으기〉의 '푼돈을 목돈으로 바꾸는 5단계 시스템'에서 소개한 것처럼 각자가 직접 정한 목표를 붙였다.

자전거 타기를 좋아하는 첫째는 자신의 적금 계좌 이름을 '아이 이름+자전거'라고 지었다. 처음에는 자전거를 사기 위해 돈을 모았지만, 자전거를 갖게 된 뒤로는 부품을 사거나 수리에 필요한 비용을 이 계좌에서 꺼내 쓰고 있다. 아직 휴대폰이 없는 둘째는 '아이 이름+휴대폰', 막내는 형들처럼 초등학교에 가면 본인도 휴대폰을 살 거라며 같은 이름으로 계좌를 만들었다. 이처럼 계좌 이름에 목표가 분명히 드러나 있으니, 아이들은 용돈이나 명절에 받은 돈을 넣을 때마다 '내가 무엇을 위해 모으는지'를 자연스럽게 떠올리게 된다.

물론 처음에는 "엄마가 그냥 사주면 안 돼? 왜 모아야 해?"라고 묻기도 했다. 하지만 한두 달이 지나 조금씩 금액이 쌓이고, 잔액이 늘어나는 걸 보면서 금세 흥미를 가지게 되었다.

학년이 올라가며 가끔 첫째가 "그냥 그 돈 주면 안 돼? 친구들이랑 놀 때 쓰고 싶어"라고 말할 때가 있었지만, 그럴 때마다 처음 자전거를 샀을 때를 떠올리게 했다. 그리고 "네가 정한 목표를 바꿔도 괜찮을까?"라고 되묻는 순간, 대부분 다시 마음을 다잡고 계속 모았다. 그 안에서 기다림을 배우고, 욕구를 조절하는 힘도 자연스럽게 길러졌다.

또 명절에 용돈을 받으면 나는 아이 앞에서 직접 아이 이름의 적금 계좌에 돈을 입금하고, 그 자리에서 잔액이 늘어난 것을 함께 확인했다. 그랬더니 한 번은 첫째가 이렇게 말했다.

"내 친구는 엄마가 저축해준다고 가져갔는데, 결국 엄마가 다 썼대. 그런데 우리 엄마는 내 돈 안 쓰고 잘 모아줘서 좋아."

그 말을 듣는 순간, '엄마는 내 돈을 지켜주는 사람'이라는 신뢰가 아이 마음속에 자라고 있음을 느낄 수 있었다.

좋아하는 것에서 배우는 투자

단기적으로는 자유적금을 통해 돈을 모아줬다면, 장기적으로는 아이들 명의의 주식 계좌를 만들어 조금씩 주식을 사주고 있다. 주식을 처음 고를 때는 아이들의 눈높이에 맞춰 선택하는 것이 중요했다.

첫째 또래 친구들이 한창 '로블록스' 게임에 빠져 있을 때, 나는 아이에게 말했다. "게임만 하지 말고, 로블록스 주식을 한번 사보는 건 어때?" 사람들이 게임을 많이 하면 할수록 그 회사 주식을 가진 사람들이 돈을 번다고 설명하니, 아이는 눈을 반짝였다. 그 뒤로는 아이가 좋아하는 캐릭터나 자주 먹는 음식 브랜드, 매일 쓰는 제품의 회사를 함께 찾아보며, 한 주씩 사줬다.

이 과정을 통해 "이 물건을 만드는 회사가 있고, 그 회사에 투자하는 게 주식을 사는 거야"라고 설명하니, 주식이 숫자가 아닌 '생활 속 개념'으로 다가갔다. 아이에게 주식은 어려운 금융 용어가 아니라, '내 돈이 자라는 과정'으로 느껴지길 바랐다.

어릴 적부터 모아둔 청약통장을 해지해 그 돈을 주식 계좌로 옮긴 것도 같은 이유였다. 어차피 장기적으로 가져갈 돈이라면, 더 유리한 곳에서 불리고 싶었기 때문이다. 현재 첫째 아이는 명절이나 생일 같은 특별한 날에 받은 용돈 중 일부를 주식 계좌에 넣고, 둘째와 막내는 아동수당을 함께 모아주고 있다.

3칸 돼지저금통으로 익혔던 개념들을 이제는 실제 계좌로 확장한 셈이다. 저축은 '아이 이름+자전거'처럼 목표를 정해 자유적금 계좌에, 소비는 평소 용돈으로, 투자는 주식 계좌로 각각 관리하고 있다. 사실 자전거는 엄밀히 말하면 소비에 가깝다. 하지만 우리는 이 과정을 단순한 소비가 아니라, '목표를 위해 돈을 모으는 연습'으로 보기로 했다.

돈보다 태도를 물려주는 일

주식은 오르기도 하고 떨어지기도 한다. 잔액이 늘어나면 아이는 "내가 아무것도 안 했는데 돈이 늘었어!" 하며 신기해하고, 반대로 떨어지면 "내 돈 왜 줄었어?" 하고 묻기도 한다. 그럴 때는 "그게 바로 투자야. 그래서 주식은 단기보다는 길게 가져가는 거야"라고 설명해준다.

어릴 때부터 이런 과정을 경험하면서, 아이도 돈이 단순히 써버리는 것이 아니라 모으고 키울 수도 있다는 사실을 배워가고 있다. 아직은 소액이지만, 언젠가 아이가 직접 그 계좌를 물려받아 운용하게 된다면 그건 단순히 돈을 물려주는 일이 아니라, 돈을 대하는 태도와 경험을 함께 물려주는 일이 될 것이다.

아이들 주식 계좌는 토스증권을 통해 만들었다. 예전에는 아이 계좌 하나 개설하려면 서류를 일일이 준비해 증권사나 은행을 직접 방문해야 했지만, 지금은 가입 과정이 훨씬 간단해졌다. 토스에서는 5분 안에 비대면으로 계좌를 만들 수 있고, 자녀 나이 0세부터 개설이 가능하다. 덕분에 세 아이 각각의 이름으로 손쉽게 계좌를 만들어줄 수 있었다. 무엇보다 만족스러운 점은 토스 앱 안에서 내 계좌와 자녀 계좌를 클릭 한 번으로 이동할 수 있다는 점이다. 로그아웃과 재로그인을 반복할 필요가 없어 관리가 훨씬 수월하다.

아이들에게 용돈을 준다는 건, 단지 소비할 돈을 쥐여주는 일이 아니다. 스스로 계획하고, 아껴 쓰고, 모으는 과정을 반복하면서 돈을 다루는 감각을 익히게 하는 실전 교육이다.

희망재무설계 송승용 이사는 이렇게 말한다.

"아이들의 교육에서 돈을 너무 터부시할 필요는 없습니다. 돈은 나쁜 것이 아니라 행복하게 살기 위한 수단이라는 것, 그리고 그렇게 하기 위해서는 금융을 알아야 한다는 태도를 가져야 합니다."

한국개발연구원(KDI) 천규승 전문위원 역시 강조했다.

"금융 이해력이 없으면 생존할 수 없습니다. 금융 이해력은 이제 생존의 도구가 되고 있습니다."

이런 이야기들을 들으며 나는 확신했다. 지금 우리 아이에게 필요한 건 지식을 쌓는 공부만이 아니라, 돈을 현명하게 다루는 연습이다. 그래서 지금도 매달 용돈을 줄 때마다 3칸 저금통 분배 원칙을 다시 이야기하고, 목표 계좌를 함께 들여다본다. 그리고 아주 작은 금액이라도 꾸준히 주식을 사주며, 아이의 미래를 함께 준비한다.

  작은 액수라도 용돈을 통해 아이는 욕구를 조절하고 목표를 세우며, 기다림과 선택을 배운다. 부모로서 내가 할 일은 그 과정을 지켜보고 방향을 잡아주며, 무엇보다 아이 스스로 시행착오를 겪고 배우도록 기회를 주는 것이다.

  나는 오늘도 '돈을 밝히는 아이'가 아니라, '돈을 다룰 줄 아는 아이'로 자라나길 바라는 마음으로 실천 중이다.

PART 5

돈 불리기

당신의 돈이
스스로 일하게 하라

불리기의 시작은 경제 공부다

월급을 관리하며 비상금도 모으고, 푼돈 모으기도 꾸준히 해 왔다면 이제 조금씩 돈이 쌓이기 시작했을 것이다. 바로 이 시점이 경제 공부를 시작하기에 가장 좋은 때다.

많은 사람이 '돈을 어느 정도 모은 뒤에 투자해야 한다'고 생각 하지만 그때는 이미 늦다. 누군가의 권유에 떠밀려 제대로 알아보지도 않고 투자를 시작하거나, 조급한 마음에 검증되지 않은 곳에 돈을 맡기는 실수를 하기 쉽다. 반대로 너무 신중해서 투자를 미루는 것도 문제다. 목돈이 있는데도 은행에만 그대로 둔다면, 돈이 돈을 버는 단계로 진입하기 어렵다.

그래서 돈이 없다고 생각하는 지금, 아직 투자할 실력이 부족하다고 느끼는 지금이야말로 경제 공부를 시작하기에 가장 좋은 타이밍이다.

왜 경제 공부를 해야 할까? 이유는 단순하다. 우리는 모두 자본주의 사회에서 살고 있기 때문이다. 자본주의에서 '자본'이란 이윤을 추구하기 위해 생산에 투입되는 돈, 재화, 노동을 뜻한다. 즉, 자본이 이윤을 추구하며 생산과 경제활동을 이끌어가는 체제가 바로 자본주의다.

이 구조 안에서 부의 형성은 일하며 버는 근로소득보다, 돈이 돈을 버는 자본소득의 영향이 훨씬 크다. 주변을 둘러보면 월급만으로 부자가 된 사람을 찾아보기 힘들다. 부모님 세대(1950~60년대 출생)에서는 가능했을지 모르지만 지금은 훨씬 어렵다.

자본주의 사회에서 부자라 불리는 사람들을 살펴보면 대부분 상속을 받았거나, 사업을 성공시켰거나, 투자로 큰 수익을 낸 경우다. 결국 자본주의 사회에서 살아남으려면 자본이 어떻게 움직이는지를 이해하고, 그 원리를 아는 것이 필수다. 그것이 바로 경제 공부를 해야 하는 이유다.

《부자언니 부자특강》에 나오는 부자언니와 2,000억대 자산가의 대화는 그 현실을 단적으로 보여준다.

자산가 : 나는 오래 살아야 돼.

부자언니 : 아니, 그렇게 돈이 많으신데 뭘 더 바라시길래 오

래 살고 싶으세요?

   자산가 : 모르는 소리 하지 말아. 내가 앞으로 위기를 한 번 더 겪으면 자식이 먹고살 것까지 만들어 놓을 수 있고, 그다음 위기까지 겪으면 손자, 손녀들이 먹고살 것까지 만들어 놓고 갈 수 있다니까. 그러니 오래 살아야지.

   나는 이 짧은 대화를 보고 머리를 한 대 얻어맞은 듯했다. 대부분의 사람들은 위기를 '버텨야 하는 시간'으로 생각한다. 소비를 줄이고 투자를 멈춘다. 사업이 어려워 문을 닫기도 하고, 종종 부도 소식도 들려온다. 다니던 회사에서 퇴직을 권고받는 일도 생긴다.

   매일 뉴스에서는 '올해도 경기 불황', '임금 삭감', '구조조정 우려', '가구당 평균 부채 O억 원', '고금리, 불경기에 커지는 한숨' 같은 소식이 끊이지 않는다. 이제 '경제가 어렵다'는 말이 낯설지 않다. 그런 이야기를 반복해서 듣다 보면 사람들은 이렇게 생각한다. '나만 힘든 게 아니구나. 다들 어렵구나.' 그렇게 현실을 받아들이며 몸을 웅크린다.

   하지만 부자들은 위기를 '기회'로 본다. 다음 위기를 준비하고, 그 기회를 선점하기 위해 움직인다. 어떻게 그럴 수 있을까? 나와 부자들의 사고 체계가 얼마나 다르기에, 같은 금융위기를 이렇게 다르게 바라보는 걸까?

부자들은 앞으로 다가올 위기를 예측하고, 그 안에서 어떤 기회가 생길지를 계산하며 구체적인 계획을 세운다고 한다. 그런데 나는 과연 그런 시각으로 위기를 바라본 적이 있었던가? 아니, 금융위기가 무엇인지조차 제대로 이해하고 있었던가?

누군가는 위기 속에서 기회를 보고 한 발 나아가지만, 누군가는 두려움에 멈춰 선다. 같은 위기를 맞아도 바라보는 관점이 다르면 대응 방식과 결과가 달라진다. 그제야 깨달았다. 문제는 자산의 크기가 아니라, 경제를 바라보는 눈이었다.

그동안 나는 생활이 어려워지면 '아, 금융위기구나' 하고, 살만해지면 '이제 좀 벗어났구나' 하며 안일하게 살아온 사람 중 하나였다. 하지만 부자언니와 자산가의 대화를 보고 생각이 바뀌었다.

'금융위기란 정확히 무엇일까? 내 남은 생에는 몇 번쯤 더 찾아올까? 미리 예측할 수는 없을까?' 이런 질문이 머릿속을 스쳤다. 그리고 그걸 아는 것이야말로 나의 경제 공부의 출발점이라는 것을 깨달았다. 그 원리를 이해하면, 위기에 대처하는 방법은 자연스럽게 따라올 것이다.

금융위기에도 기회는 있다

금융위기란 말 그대로 금융에서 비롯된 경제 위기를 뜻한다. 금융시장에 충격이 발생해 정부와 기업, 가계까지 경제 전반이 흔들리는 현상이다. 이러한 금융위기는 19세기 이전부터 지금까지 주기적으로 반복되어 왔다.

우리가 익숙하게 들어본 사건들만 봐도 그 흐름을 알 수 있다. 1997년 외환위기, 2008년 글로벌 금융위기, 2020년 코로나19로 인한 시장 급락까지. 모두 금융 불안이 실물경제로 번지며 발생한 대표적인 위기의 사례들이다.

내가 태어난 해인 1987년 10월 19일에도 뉴욕 증권시장에서 대규모 주가 폭락 사건이 있었다. 홍콩에서 시작된 폭락이 유럽과 미국으로 번지며 전 세계 시장을 흔들었고, 그날은 역사에

'검은 월요일'로 기록되었다.

　1997년에는 동남아시아와 동아시아에서 시작된 금융위기가 세계 경제 전반에 불안을 일으켰다. 특히 인도네시아와 태국이 큰 타격을 입었고, 우리나라의 경우는 외환위기로 번지며 대기업의 연쇄 부도와 대량 해고가 이어졌다. 결국 국가 부도 위기에 처하면서 IMF 구제금융을 받게 되었고, 그때부터 이른바 IMF 체제가 시작되었다. 다행히 3년 8개월 만에 IMF 차입금을 조기 상환하며 위기를 벗어났지만, 그 여파는 오랫동안 이어졌다.

　2007년, 미국의 서브프라임 모기지 부실 사태로 또 한 번 세계적인 금융위기가 시작되었다. 신용도가 낮은 차입자에게 과도하게 대출이 이루어지면서 부실이 쌓였고, 뉴센추리 파이낸셜을 비롯한 대형 금융기관들의 연쇄 파산으로 위기는 전 세계로 확산됐다.

　위의 금융위기들을 살펴보면 흥미로운 규칙이 있다. 대략 10년마다 위기가 반복된다는 것, 이른바 '금융위기 10년 주기설'로 불리기도 한다.

　그렇다면 다음 금융위기는 언제일까? 주기대로라면 2017년 무렵이어야 했다. 그런데 그해 IMF만큼 경제 전반에 큰 영향을 미친 금융위기가 있었던가? 내 기억에는 없다. 그래서 궁금해졌다. 10년마다 반복되던 금융위기가 정말 오지 않았던 걸까, 아니면 조용히 스쳐간 걸까? 이런 궁금증을 따라가며 원인을 찾아보는 일, 그것이 나에게는 경제 공부의 시작이었다.

찾아보니 2017년의 우리나라는 금융위기 대신 대호황을 맞았다. 세계 경기 회복으로 한국의 주력 수출 품목인 반도체와 석유화학 수출이 급증한 덕분이었다. 그해 반도체 수출은 전년 대비 57.4%, 석유제품은 31.7%, 석유화학은 23.5% 증가했다고 한다. 위기가 아니라 오히려 호황이 찾아왔던 해였다.

이 역사를 되짚어보며 깨달았다. 한국 경제는 선진국의 경기 흐름에 크게 영향을 받는다. 그래서 경제를 공부하는 사람들은 국내 뉴스뿐 아니라 해외 뉴스, 특히 미국 대선이나 글로벌 경기 지표에도 주목한다는 사실을 비로소 이해하게 되었다.

그렇다면 그 이후의 금융위기는 언제일까? 이 시점을 유추해보는 일은 매우 중요하다. 이미 지나갔다면 어떤 방식으로 해결되었는지를 알아야 하고, 아직 오지 않았다면 대비할 수 있어야 하기 때문이다.

여러 지표를 살펴보며, 지금이 바로 금융위기의 한가운데임지도 모른다는 생각이 들었다. 물론 아직은 아무도 단정할 수 없다. 금융위기는 시간이 지나야 비로소 명확해지기 마련이다. 우리가 가장 힘들다고 느꼈던 시점이 겨우 위기의 시작이었을 수도 있고, 반대로 이 정도는 버틸 만하다고 생각했던 때가 위기의 정점이었을 수도 있다. 강하게 지나갈지, 약하게 스쳐갈지는 결국 지나봐야 알 수 있다.

월급 관리 강의에서 만난 수강생들의 이야기를 들어보면, 요즘 경제 상황이 심상치 않다는 걸 실감한다. 예전보다 물가가 크게 올라 장보기가 부담스럽다는 말, 저축은커녕 카드 돌려막기로 버틴다는 이야기도 예전보다 자주 들린다. 뉴스에서도 고금리, 경기 침체 조짐, 경제성장률 둔화 가능성, 실업자 증가, 건설업체 부도 소식이 이어지고 있다.

이런 현실을 마주할 때마다 '지금이 바로 금융위기가 아닐까?' 하는 생각이 든다. 그리고 만약 아직 금융위기가 아니라면, 어쩌면 그게 더 두렵다. 언제 터질지 모르는 시한폭탄을 안고 살아가는 것과 다를 바 없기 때문이다.

그렇기에 경제 공부는 선택이 아니라 필수다. 이전의 위기는 몰랐다 해도, 앞으로 올 위기에는 더는 당하지 말아야 한다. 경제 공부는 곧 생존의 문제다. 내 일상과 가족, 그리고 삶을 지키기 위해 반드시 필요한 공부다.

《부의 인사이트》에 이런 문장이 있다.

"세상이 뒤집힐 때, 부자 될 기회가 온다."

경제 공부라고 해서 반드시 어려운 이론이나 복잡한 공식을 외워야 하는 건 아니다. 우리 집 가계부를 들여다보듯, 나라 살

림도 금리, 환율, 물가의 흐름만 살펴보면 경제의 큰 방향을 읽을 수 있다. 돈을 불리는 기술보다 먼저 배워야 할 것은, 돈이 어디로 향하고 있는지를 읽는 힘이다.

경제를 읽는 두 개의 렌즈

경제를 공부할 때 가장 먼저 마주하는 개념이 '거시경제'와 '미시경제'다. 많은 사람이 이 단어에서부터 겁을 먹는다. 용어도 어렵고, 두 개념의 차이도 모호하게 느껴지기 때문이다. 하지만 단순하게 이해하면 된다. 거시경제는 경제의 큰 흐름을 읽는 눈이고, 미시경제는 그 흐름 안에서 개인과 기업이 선택하고 대응하는 방식이다. 두 시야는 따로 존재하는 것이 아니라 늘 맞물려 움직인다.

예를 들어 '기준금리 인상' 뉴스를 들었다고 하자. 거시경제의 관점에서는 '왜 인상했을까?', '앞으로 물가나 환율은 어떻게 움직일까?'를 살펴본다. 반면 미시경제의 관점에서는 '이자 부담이 커질 것 같은데, 대출을 미리 갚는 게 나을까? 소비를 줄이고 예금을 늘리는 게 나을까?'와 같은 실질적인 행동으로 이어진다.

이해를 돕기 위해 치킨집을 예로 들어보자. 맛도 서비스도 인테리어도 그대로인데 유난히 장사가 잘되는 날이 있다. 배달 기사들도 바쁘고, 동네 치킨집들이 모두 매출이 오른다. 그날이 언제일까? 바로 축구 경기가 있는 날이다.

이 축구 경기를 거시경제에 비유할 수 있다. 경기 일정이라는 큰 흐름이 전체 매출의 방향을 결정하기 때문이다. 반면 치킨의 맛, 가게의 청결, 직원의 서비스, 사장님의 운영 방식 같은 요소들은 미시경제에 가깝다. 각각의 세부 요인이 가게의 실적을 세밀하게 좌우하기 때문이다.

결국 언제 축구 경기가 열릴지를 알면 매출이 오를 시점을 미리 예측할 수 있다. 이처럼 거시경제는 큰 흐름을 읽는 일이고, 미시경제는 그 안에서 구체적인 대응을 설계하는 일이다.

그렇다면 둘 중 어느 쪽이 더 이해하기 쉬울까?

경제 공부 초보자나 나처럼 세세하게 따지며 투자하는 게 어렵게 느껴지는 사람이라면, 거시경제부터 시작하는 게 훨씬 수월하다.

금리가 낮아지면 주식이나 부동산 시장에는 어떤 영향이 생길지, 고용시장이 불안정해진다는 건 경제적으로 어떤 의미인지, 물가가 오르면 어떤 재테크에 집중해야 하는지 등 큰 흐름을 따라가는 데 초점을 맞추면 된다.

그렇다고 미시경제가 필요 없다는 뜻은 아니다. 한 회사의 재무제표를 분석하고, 내부 이슈를 점검하며, CEO의 성향을 살피는 일은 모두 미시경제적 관점에서의 투자다. 다만 이 영역은 시간과 정보, 그리고 높은 이해도를 필요로 한다. 특히 개인 투자자는 공식 발표 전에 주요 정보를 얻기 어렵고, 알게 되었을 때는 이미 늦은 경우가 많다.

이런 이유로 나는 경제 공부를 시작하는 사람에게 거시경제부터 배워보길 권한다. 신문, 금리, 환율, 지수 같은 자료를 통해 큰 경기 흐름을 읽는 법을 익히면, 자연스럽게 자본주의 시스템에 대한 이해도 함께 넓어질 것이다.

사실 자본주의 공부는 역사 공부와도 비슷하다. '이럴 시간에 뉴스를 하나라도 더 보는 게 낫지 않을까?' 싶은 마음이 들 수도 있다. 나 역시 그랬다. 어릴 적 국사나 세계사보다 수학과 과학을 더 좋아했던 나는, 화폐의 탄생이나 달러가 기축통화가 된 이유, 은행의 역할을 다룬 다큐멘터리를 보다가 늘 졸곤 했다. 목표한 분량을 끝까지 본 날은 손에 꼽을 정도였다.

그럼에도 나는 지금, 자본주의 공부가 반드시 필요하다고 생각한다. "역사를 잊은 민족에게 미래는 없다"는 말처럼, 경제도 그 흐름의 뿌리를 알아야 제대로 이해할 수 있다.

다행히 자본주의 공부는 한 번 제대로 해두면 평생 다시 처음부터 배울 일은 많지 않다. 어릴 적 덧셈, 뺄셈, 곱셈, 나눗셈의 사칙연산을 익혀 평생 써먹듯, 자본주의의 원리도 한 번 이해하고 나면 세상의 뉴스가 완전히 다르게 보인다.

그러니 지루하고 졸리더라도 이번 기회에 꼭 공부해두자. 돈은 속도가 아니라 방향이다. 흐름을 읽을 줄 아는 사람이 결국 더 멀리 간다.

금리와 환율, 돈의 흐름을 바꾸는 두 가지 숫자

금리가 오르면 집값은 정말 떨어질까? 환율이 오르면 주식 시장은 어떤 영향을 받을까?

경제 뉴스에서는 금리와 환율 등 수많은 숫자가 쏟아지지만, 정작 내 돈을 어디에 둬야 할지는 늘 헷갈린다. 하지만 거시경제를 공부하면서 깨달은 것이 있다. 금리와 환율은 단순한 숫자가 아니라 '돈의 흐름'을 보여주는 신호라는 점이다. 이 흐름을 읽을 줄 알게 되자, 뉴스가 더 이상 어렵지 않았고 투자 판단도 점점 명확해졌다.

예를 들어, 금리가 오른다는 것은 시중에 풀린 돈을 회수하겠다는 뜻이다. 당연히 대출이 줄고, 돈을 빌려 무언가를 사거나 투자하려던 사람들의 움직임도 둔해진다. 가장 먼저 영향을 받는 곳은 부동산 시장이다. 대출 없이 집을 살 수 있는 사람은 드물기 때문에 금리가 오르면 집값이 조정을 받는다. 반대로 금리가 낮아지면 대출이 쉬워지고, 부동산 수요가 늘어나면서 집값이 오르기 쉬운 환경이 된다.

주식 시장도 비슷한 원리로 움직인다. 금리가 오르면 사람들은 위험을 감수하며 주식에 투자하기보다, 안정적인 예금이나 채권으로 자금을 옮긴다. 이자만 받아도 괜찮은 수익이 나오기 때문이다. 그래서 금리가 오를 때는 주식 시장이 위축되고, 반대로 금리가 낮아지면 돈이 다시 주식 시장으로 몰린다. 갈 곳을 잃은 돈은 언제나 더 높은 수익률을 찾아 움직인다.

환율도 같은 맥락이다. 환율이 오른다는 건 곧 원화의 가치가 떨어졌다는 뜻이다. 이럴 때는 수입 원자재나 제품 가격이 올라 기업의 원가 부담이 커지고 실적이 악화될 수 있다. 이는 주가 하락으로 이어질 수 있으며 해외여행이나 해외 직구 같은 개인 소비에도 영향을 미친다. 같은 물건을 사더라도 더 많은 원화를 지불해야 하니, 소비자 입장에서는 체감 물가가 높아진다. 다만 수출 비중이 큰 기업은 원화 가치가 떨어질 때, 해외에서 같은 제품을 팔아도 원화로 환산되는 금액이 늘어나기 때문에 오히려 이익이 커진다.

이처럼 금리와 환율은 결국 경제 전체의 순환과 연결되어 있다. 이 숫자들은 단순한 수치가 아니라 돈이 어디서 빠져나가고, 어디로 몰리는지를 보여주는 '흐름의 신호'다. 이 흐름을 읽을 수 있게 되면 경제 뉴스가 전혀 다르게 보이기 시작한다.

결국 이 모든 변화는 '경기순환'이라는 커다란 구조 속에서 일어난다. 경제는 단절된 사건의 집합이 아니라, 사계절처럼 반복되는 순환의 흐름이다. '경기순환'이라 불리는 이 흐름은 크게 4단계로 구성되어 있다.

경기순환 4단계 그래프

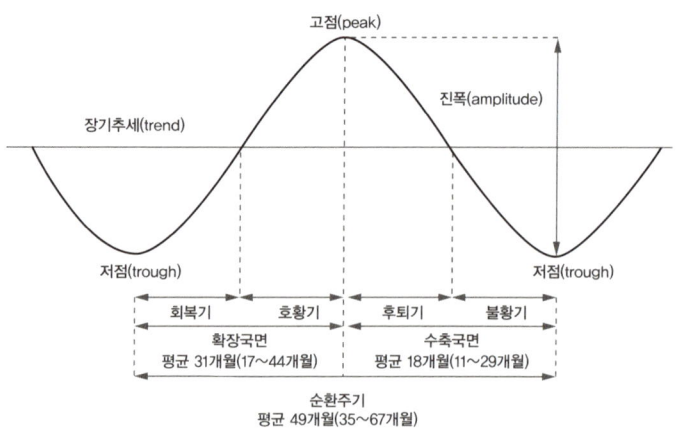

출처 : KB증권 경기 순환주기

호황기

경제활동이 가장 활발한 시기다. 소득이 늘고 소비가 증가하며, 기업의 생산과 투자도 활기를 띤다. 주가는 상승하고 일자리도 많아진다. 호황이 이어지면 경기 과열을 막기 위해 중앙은행은 기준금리를 서서히 인상하기 시작한다.

후퇴기

금리 인상으로 소비가 줄고, 부동산과 주식 같은 자산 시장이 서서히 위축되기 시작한다. 기업들은 투자와 생산을 줄이며 경기 둔화 조짐이 나타난다. 이 시기에는 '장단기금리 역전' 현상이 대표적인 신호로 꼽힌다. 일반적으로 장기금리가 단기금리보다 높아야 하지만, 경제 불안이 커지면 투자자들이 장기채권을 선호해 수요가 몰린다. 그 결과 장기금리는 낮아진다. 반면 기준금리 인상 등의 영향으로 단기금리는 상승해 금리가 뒤집히는 현상이 발생한다. 이 장단기금리 역전은 경기 침체의 전조로 여겨지며, 실제로 과거에도 이 신호 이후 1~2년 이내에 불황이 찾아온 경우가 많았다.

불황기

소득과 소비가 바닥을 치고 실업률이 높아지며, 기업 파산이 늘어난다. 자산 가격은 전반적으로 하락하고 물가상승률도 둔화된다. 이에 따라 중앙은행은 경기 회복을 위해 기준금리를 인하한다.

회복기

낮은 금리와 안정된 물가 덕분에 소비가 서서히 되살아난다. 기업의 생산과 투자도 점차 회복되며, 주식 시장과 부동산 시장 역시 다시 움직이기 시작한다. 이렇게 경제는 또 한 번 새로운 사이클로 진입한다.

이 흐름은 늘 반복된다. 중요한 건 '지금 우리는 어떤 시기에 있는가?'를 읽는 일이다. 잠시 책을 덮고 생각해보자. 지금이 불황기라고 느껴지는가, 회복기라고 느껴지는가? 그 판단에 따라 투자 전략은 완전히 달라진다.

물론 경기의 정점과 저점을 정확히 예측하기는 어렵다. 전문가들조차 늘 맞히지 못한다. 하지만 큰 흐름을 읽고 시장의 변동에 휘둘리지 않는다면, 그 안에서도 나만의 판단 기준을 세우는 것은 충분히 가능하다. 그래서 나는 숫자를 보되, 그 숫자가 나에게 어떤 의미인지 먼저 해석하려 한다. 남들이 사니까 따라 사는 것이 아니라, 흐름을 읽고 나의 기준으로 판단하는 힘이 결국 돈의 방향을 바꾼다.

  돈은 본래 움직이는 성질을 지녔다. 시장 상황에 따라 끊임없이 이동하고, 때로는 예측하기 어려운 방향으로 흘러간다. 결국 중요한 것은 속도가 아니라, 그 흐름이 향하는 방향이다. 그 방향을 알려주는 신호가 바로 금리, 환율, 그리고 경기순환이다. 숫자에 휘둘리지 않고 이 신호의 의미를 읽을 줄 아는 사람만이 시장의 변화 속에서도 중심을 잃지 않는다.

경제적 자유보다
경제적 자립이 먼저다

'경제적 자유.' 누구나 한 번쯤 꿈꿔봤을 단어일 것이다. 하지만 이 말은 너무 멀게 느껴져 시작조차 하지 못하고 포기하는 사람도 많다. 자유롭고 싶지만 여전히 월급에 의지해 살아가고 있다면, 이제 목표의 방향을 조금 바꿔보자.

'경제적 자유'까지는 아니더라도 '경제적 자립'은 지금부터도 충분히 준비할 수 있다. 경제적 자립이란 내가 번 돈으로 내 삶을 유지하고, 언젠가는 돈이 나 대신 일하게 만드는 기반을 갖추는 것이다.

많은 사람이 시간과 노동을 투입해 돈을 번다. 아침에 출근해서 정해진 업무를 하고, 그 대가로 월급을 받는다. 하지만 이 구조는 내가 일을 멈추는 순간, 소득도 함께 멈춘다는 한계를 가진다. 그래서 우리는 '돈이 나를 위해 일하는 구조'를 만들어야 한다. 그래야 모아둔 돈을 불리고, 진짜 자립의 기반을 만들 수 있다.

〈Part 4. 돈 모으기〉에서 푼돈 모으기, 예금·적금, 채권과 발행어음을 통해 목돈을 만드는 방법을 다뤘다면, 이제는 한 걸음 더 나아가 경제 공부를 바탕으로 실전 투자 경험을 쌓을 때다.

나는 그 실천으로 '주식 1주 사보기'를 권한다. 부동산 투자도 좋지만, 부동산에 투자하려면 적게는 수천만 원에서 많게는 수억 원까지의 목돈이 필요하다. 당장 시작하기에는 진입 장벽이 높다. 반면 주식은 적게는 몇천 원으로도 1주를 살 수 있어, 작은 돈으로 직접 투자 경험을 쌓을 수 있는 가장 현실적인 방법이다.

주식을 실제로 사보는 순간, 그 기업에 자연스럽게 관심이 생긴다. 실적 발표는 언제인지, 어떤 사업을 하는지, 관련 뉴스가 나오면 더 눈여겨보게 된다. 그러면서 기업의 흐름을 읽는 눈이 생긴다. 이런 과정은 단순히 이론으로 공부하는 것보다 훨씬 빠르게 실전 감각을 키워준다. 처음에는 몇천 원짜리 주식 한 주라도 괜찮다. 투자 금액의 크기가 아니라, 직접 경험해보는 것이 핵심이다.

하지만 막상 주식을 해보려 하면 도대체 무엇을 사야 할지 고민이 된다. 검색하면 수많은 종목 추천 글이 쏟아지고, 주변에서는 "삼성전자부터 사라", "미국 주식이 대세다", "ETF가 안전하다" 등 여러 의견을 주지만, 초보자에게는 여전히 막막하고 어렵게 느껴진다.

그럴 땐 '내가 평소 잘 알고 있는 회사'의 주식부터 사보자. '내가 자주 쓰는 앱은 무엇인가?', '내가 자주 가는 마트는 어디인가?', '내가 믿고 쓰는 전자제품 브랜드는 무엇인가?'

이런 질문을 던져보면, 이미 나의 경험과 신뢰가 담긴 기업들이 자연스럽게 떠오른다. 그 기업의 제품을 써보고 만족했다면, 그만큼 기업에 대한 이해도도 높고 투자에 대한 확신도 생기기 쉽다. 게다가 이런 기업은 대부분 대형주라 비교적 변동성이 낮아, 초보자가 접근하기에도 안정적이다.

예를 들어 나는 여러 OTT 서비스 중 넷플릭스를 가장 즐겨 이용한다. 넷플릭스 CEO 리드 헤이스팅스의 《규칙 없음》을 읽고 나서는, 이 회사의 운영 철학과 조직 문화에 깊이 공감하게 되었다. 직원의 자율성을 존중하는 문화, 빠른 실험과 실행 중심의 전략 등을 보며 '이 기업은 장기적으로 성장 가능성이 높겠다'는 믿음이 생겼다. 그때 처음으로 넷플릭스 주식 2주를 구매했다. 그리고 나니 신기하게도 이 기업이 더 좋아졌다. 비록 소액주주이지만, 넷플릭스 콘텐츠가 화제가 될 때마다 괜히 뿌듯했다. 이처럼 투자 경험은 단순히 돈을 넣는 행위가 아니라, 기업을 더 깊이 이해하고 응원하게 만드는 연결 고리가 된다.

처음부터 큰돈을 투자하거나 고수익을 노리기보다, 돈이 어떻게 일하는지를 직접 경험을 통해 익히는 것이 가장 중요하다. 그 경험은 공부가 되고, 공부는 자산을 불리는 힘이 된다.

경제적 자립은 하루아침에 완성되지 않는다. 하지만 오늘 내가 잘 아는 기업에 투자해보는 작고 현실적인 실천이 언젠가 '돈이 나를 대신해 일하는 구조'로 이어질 수 있다.

그다음 단계는 여러 회사의 주식을 조금씩 사는 것이 아니라, 믿을 수 있는 한 기업의 주식을 꾸준히 모아보는 것이다. 예를 들어 내가 신뢰하는 기업을 정해 10주, 50주, 100주씩 목표를 세워 모아가는 방식이다.

이 방법을 추천하는 이유는 단순하다. 한 기업에 집중하면 그 기업의 흐름을 자연스럽게 관찰하게 되고, 단순한 주식 보유자가 아니라 주주의 시선으로 기업을 바라보게 되기 때문이다. 물론 보유한 수량이 많아질수록 주가가 출렁일 때 내 감정도 함께 요동칠 수 있다. 그렇기에 더욱 믿을 수 있는 기업을 선택해 장기적인 관점으로 바라보는 연습이 필요하다.

처음부터 수익률에 집착하기보다 '이 기업의 가치를 믿고 함께 간다'는 관점과 투자 기준을 세워야 한다. 이 기준은 단순한 숫자를 넘어 돈을 대하는 태도 자체를 바꿔준다.

예를 들어 '100주를 모으자'는 목표가 생기면, 작은 돈이 생길 때마다 소비 대신 '1주를 더 사자'는 선택을 하게 된다. 그런 선택이 반복될수록 그 돈은 결국 나를 위해 일하는 자산이 된다.

여기서 중요한 것은 '복리의 힘'이다. 배당금을 재투자하거나 꾸준히 수량을 늘려가는 것만으로도 수익은 눈덩이처럼 커진다. "복리는 세계 8번째 기적"이라는 말이 있듯이, 지금의 작은 실천이 시간이 흐르며 놀라운 결과를 만든다. 돈을 불리는 힘은 한 번의 큰돈이 아니라, 꾸준히 쌓이는 경험에서 나온다.

나쁜 타이밍이라도
안 하는 것보단 하는 게 낫다

복리의 힘은 꾸준함에서 시작된다. 그럼에도 많은 사람들은 여전히 '언제 시작할까'를 고민하다 결국 기회를 놓친다. 작은 실천의 차이가 얼마나 큰 결과를 만드는지 보여주는 흥미로운 실험이 있다.

미국의 대표 증권사 찰스 슈왑 리서치 센터는 "어떻게 투자하는 게 가장 수익률이 좋을까?"라는 질문에 답하기 위해, 2001년부터 2020년까지 20년 동안 매년 2,000달러씩 투자한 가상의 인물 5명을 설정해 서로 다른 투자 방식을 비교했다. 투자 대상은 모두 동일한 S&P500 ETF였고, 매수 시점만 다르게 설정했다.

첫 번째 인물은 피터 퍼펙트. 이름처럼 매년 주식 시장의 최저점을 정확히 예측해, 그 시점에 전액을 투자했다. 현실에서는 거의 불가능한 완벽한 타이밍이지만, 이론상으로는 가장 높은 수익률을 기대할 수 있다.

두 번째는 애슐리 액션. 복잡한 전략 없이 매년 2,000달러를 받는 즉시 전액 투자했다. 타이밍을 따지지 않고 빠르게 시장에 진입했다.

세 번째는 매튜 먼슬리. 그는 2,000달러를 12등분해 매달 초에 나눠 투자했다. 흔히 '달러 코스트 애버리징'이라고 불리는 전략으로, 평균 매입 단가를 낮추는 데 효과적이다.

네 번째는 로지 로튼. 피터 퍼펙트와 정반대로, 매년 주식 시장이 최고점일 때 2,000달러를 투자했다. 현실이라면 가장 두려운 시나리오다. 불운과 타이밍 실패가 겹친 일명 '똥손'이라 부를 만한 투자자다.

마지막 다섯 번째는 래리 링거. 그는 20년 동안 단 한 번도 시장에 진입하지 않고 현금만 보유했다. 주가가 떨어질까 걱정하며 늘 더 좋은 기회를 기다렸다. 그 결과 매년 2,000달러를 저축만 했을 뿐 단 한 번도 투자하지 않았다.

20년 후 결과는 어땠을까? 예상대로 피터 퍼펙트가 가장 높은 수익을 냈다. 그는 151,391달러를 모았다. 2위는 애슐리 액션으로, 피터보다 단 15,920달러 적은 135,471달러였다. 타이밍을 전혀 고려하지 않고 단순히 즉시 투자했을 뿐인데도 놀라운 결과였다.

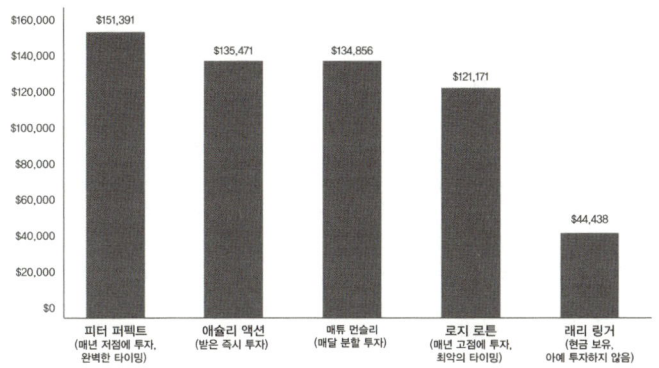

출처 : 찰스 슈왑 리서치 센터

3위는 매달 분할 투자한 매튜 먼슬리로, 134,856달러를 모았다. 일반적으로 시장이 연초 이후 상승하는 경향이 있기 때문에, 연초 일시 투자자보다 약간 낮은 수익을 냈다.

그리고 정말 눈에 띄는 결과는 로지 로튼이었다. 매년 최고점에 투자한 똥손이었음에도 121,171달러를 모았다. 반면 래리 링거는 20년 동안 시장에 단 한 번도 참여하지 않아 44,438달러로 다섯 명 중 수익률이 가장 낮았다. 매년 고점에 투자한 로지 로튼조차 아예 투자하지 않은 래리보다 약 3배 많은 자산을 모았다. 즉, 시장에 들어가기만 했다면 설령 최악의 타이밍이라도 의미 있는 성과를 낼 수 있었다는 뜻이다.

이 실험이 주는 메시지는 분명하다. 아무리 똥손이라도 투자하는 것이, 아무것도 하지 않는 것보다 낫다. 시장 타이밍을 맞추지 못할까 봐, 혹은 손해를 볼까 봐 주저하는 동안 우리는 가장 큰 기회를 놓친다.

실제로 래리 링거가 시장에 참여하지 않은 대가로 잃어버린 잠재 수익은 76,733달러였다. 그러니 돈이 적더라도 시기를 재며 머뭇거리기보다, 작은 금액으로라도 지금 바로 시작하는 것이 가장 현명한 전략이다.

덧붙여, 이 실험에서 얻을 수 있는 또 하나의 통찰이 있다. 매달 분할 매수한 매튜 먼슬리보다 매년 초에 한 번에 투자한 애슐리 액션의 수익률이 더 높았다는 점이다. 이는 적립식 투자자라면 매달 나누기보다 연초에 한 번 몰아서 투자하는 방식이 더 유리할 수도 있음을 보여준다. 또한 시장의 타이밍을 완벽히 예측할 수 없다면, 매달 자동으로 꾸준히 투자한 매튜 먼슬리처럼 기계적인 투자 방식도 충분히 효과적일 수 있다.

결국 중요한 것은 '얼마나 잘하느냐'가 아니라, '지금 시작하느냐'의 문제다. 투자는 잘하는 사람만의 것이 아니라, 먼저 시작한 사람의 것이다. 그러니 완벽한 타이밍을 기다리지 말고, 오늘 단 1주라도 사보자. 그 작은 실행이 언젠가 돈이 나를 대신해 일하게 만드는 길이 된다.

일하지 않고 따박따박 월급 타기

앞 장에서 작은 돈이라도 꾸준히 투자하면, 시간이 지나며 눈덩이처럼 불어나 결국 노동이 아닌 자산이 나를 위해 일하게 된다는 사실을 확인했다. 그렇다면 이제 다음 질문이 생긴다.

"그 자산이 어떻게 매달 내 통장으로 들어오게 만들 수 있을까?"

이번에는 단순히 자산을 불리는 것을 넘어, 실제로 노후를 지탱해줄 현금 흐름 구조를 만드는 방법에 대해 이야기해보려 한다.

실제로 수강생들에게 노후 준비에 대해 물어보면, 이렇게 말하는 분들이 많다.

"집은 있고, 자식들도 다 키웠고, 남편도 아직 일하잖아요."

하지만 진짜 문제는 일이 멈춘 뒤에도 매달 들어오는 수입이 있느냐는 것이다.

노후의 가장 큰 리스크는 돈이 부족한 게 아니라, 수입이 완전히 끊기는 삶이다. 지금은 월급이 들어오니 가계가 굴러가지만, 어느 날 그 모든 수입이 멈추는 순간이 온다. 그때부터는 자산의 크기보다 현금 흐름의 지속성이 더 중요해진다.

　예를 들어 10억 원짜리 아파트가 있어도, 한 달 생활비 100만 원이 부족하면 그건 곧 리스크다. 반대로 매달 100만 원씩 따박따박 들어오는 현금이 있다면, 지금 가진 자산이 크지 않더라도 버틸 힘이 생긴다. 이건 단순히 돈의 문제가 아니다. 자식에게 용돈을 기대하기보다, 작은 금액이라도 내 통장에서 나오는 돈으로 살고 싶다는 마음을 가진 분들이 정말 많다.

　그래서 나는 이 구조를 이렇게 부른다. 일하지 않아도 들어오는 '따박따박 월급!' 누구나 자기만의 따박따박 구조를 만들어야 한다. 그게 부동산 월세든, 배당주든, 연금이든 상관없다. 중요한 건 한 달에 얼마가 꾸준히 들어오느냐는 것이다. 그리고 이 구조는 지금부터, 작게라도 만들 수 있다.

　그렇다면 이렇게 물어보자.

　"나는 은퇴 후 매달 얼마가 필요할까?"

　'국민연금연구원'이 발표한 '국민노후보장패널조사'에 따르면, 부부 기준 필요 최소 노후 생활비는 월 217만 원, 필요 적정 노후 생활비는 월 297만 원으로 나타났다.

노후에 필요로 하는 최소 생활비 및 적정 생활비

(단위 : 천 원)

구분		필요 최소 노후 생활비		필요 적정 노후 생활비	
		부부 기준	개인 기준	부부 기준	개인 기준
전체		2,171	1,361	2,969	1,921
성별	남	2,230	1,397	3,040	1,965
	여	2,122	1,331	2,910	1,884

출처 : 국민연금연구원(2023)

이는 조사 참여자들의 가계소비 수준과 주관적 필요 생활비를 함께 분석한 결과로, 현재 노년층이 기본적인 생활을 유지하는 데 필요한 최소 금액과 조금 더 여유로운 생활을 위한 적정 금액을 의미한다. 물가상승률을 감안하면 앞으로는 월 300만 원 이상의 안정적인 현금 흐름이 필요하다는 뜻이기도 하다.

이제 질문을 바꿔 보자.

"나는 은퇴 후 매달 300만 원을 어떻게 마련할 것인가?"

국민연금 하나로는 충분하지 않다는 걸 누구나 느낄 것이다. 그래서 연금저축펀드, 배당주, 부동산 등 다양한 수단을 활용해 일하지 않아도 따박따박 들어오는 구조를 지금부터 만들어야 한다.

지금의 나는 미래의 나에게 매달 월급을 보내는 사람이다. 그 월급이 50만 원이든, 100만 원이든, 300만 원이든 상관없다. 결국 내 노후를 지켜주는 건 내가 만든 구조뿐이다.

  이제부터 그 따박따박 월급 구조를 어떻게 만들 수 있는지, 구체적인 방법을 하나씩 살펴보자.

국민연금
가장 확실한 노후 월급

많은 사람들이 국민연금을 '국가가 강제로 걷어가는 돈', '나중에 못 받을까 봐 불안한 돈'이라고 생각한다. 하지만 국민연금은 우리나라에서 가장 안정적이고 지속 가능한 노후 수입원이다. 연금 가운데 유일하게 국가가 강제로 가입시키는 공적 제도라는 점이 그 증거다. 왜일까? 그만큼 중요하고, 최소한의 노후 소득을 보장하는 기초 안전망 역할을 하기 때문이다.

국민연금은 사실 '연금'이라기보다 '보험'에 더 가깝다. 정확히는 노후에 소득이 끊기는 위험에 대비하는 사회보험이다. 건강보험이 병원비를 보장하듯, 국민연금은 일을 그만둔 뒤에도 평생 동안 매달 일정 금액을 지급한다.

중요한 점은 이 소득이 죽을 때까지 나온다는 것이다. 대부분의 사적 연금이 일정 기간까지만 지급되는 데 비해, 국민연금은 사망 시까지 종신으로 지급된다. 그래서 어떤 노후 준비보다도 가장 먼저 챙겨야 할 제도가 바로 국민연금이다.

게다가 국민연금이 특별한 이유가 하나 더 있다. 매년 물가상승률을 반영해 연금 수령액이 인상된다는 점이다. 일반적인 사적 연금 상품 중에서는 매년 물가를 반영해 금액을 조정해주는 경우가 거의 없다.

지금은 100만 원이면 충분해 보이지만, 30년 뒤에도 그 돈의 가치가 같을까? 그런 점에서 국민연금은 단순히 안정적인 수입을 넘어, 시간이 지나도 가치가 보전되는 대표적인 연금이다. 이 한 가지 이유만으로도 국민연금은 노후 소득의 중심이 되는 제도라 할 수 있다.

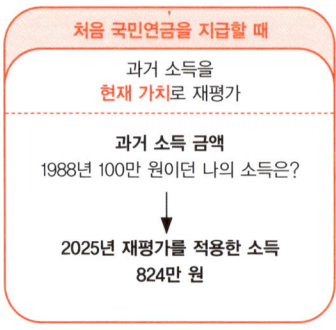

출처 : 국민연금공단

또한 국민연금에는 '출산 크레딧' 제도가 있다. 2008년 1월 1일 이후 2명 이상 자녀를 출산하거나 입양한 경우부터 적용되며, 자녀 수에 따라 추가로 인정되는 기간이 달라진다. 2자녀는 12개월, 3자녀는 30개월, 4자녀는 48개월, 5자녀 이상은 최대 50개월까지 가입 기간이 늘어난다. 기간이 늘어나는 만큼 연금 수령액도 함께 증가한다. 자세한 내용은 '국민연금공단'에서 확인할 수 있다.

나 역시 3명의 아이를 출산해 총 30개월의 가입 기간을 인정받을 수 있다. 아이를 낳았다는 이유만으로 연금 가입 기간을 늘려주는 제도는 국민연금이 유일하다. 그래서 국민연금은 단순한 연금이 아니라, 가정과 사회의 기반을 함께 지탱하는 제도라 할 수 있다.

따라서 국민연금을 기본으로 가입하고, 여기에 연금저축펀드를 추가로 준비하는 것이 좋다. 국민연금이 노후의 최소한의 소득을 보장하는 안전망이라면, 연금저축펀드는 세제 혜택을 활용해 여유 자금을 마련하는 수단이 된다.

고갈보다 중요한 건 준비다

직장가입자는 의무적으로 국민연금에 가입하지만, 자영업자나 주부, 프리랜서처럼 소득이 일정치 않은 사람들도 '지역가입자'나 '임의가입자'로 스스로 가입할 수 있다.

나 역시 지역가입자로 최소 금액만 내고 있지만, 이 작은 납부가 언젠가 매달 따박따박 들어오는 월급이 되어 돌아올 거라 믿으며 꾸준히 납부하고 있다.

그런데 많은 사람들이 국민연금 가입을 주저한다. 가장 큰 이유는 '언젠가 고갈될지도 모른다'는 불안감 때문이다. 실제로 2023년 제5차 재정추계에 따르면, 현행 구조를 그대로 유지할 경우 2055년에 국민연금 기금이 소진될 것으로 전망됐다. 그러나 이는 어디까지나 아무런 제도 개편이 없을 때의 가정일 뿐이다.

2026년 1월 1일부터 달라지는 국민연금 제도

항목	현행	개정 후
보험료율	9%	13%로 인상 (2033년까지 매년 0.5%p씩 인상)
소득대체율	약 40%	43%로 상향 조정
기금 소진 시점	2055년	2071년으로 16년 연장
군복무 크레딧	6개월	최대 12개월까지 확대 (실제 복무기간 기준 반영)
출산 크레딧	최대 50개월 상한	상한 폐지
저소득 지역가입자 보험료 지원	일부 지원	지원 비율 확대

Q 이번 개정은 단순한 인상이 아니라, 지속 가능한 연금 구조로의 전환이다. 보험료율과 소득대체율이 함께 조정되면서, 국민연금의 지급 안정성과 형평성이 강화된다.

2026년 1월 1일부터는 개정된 국민연금법이 시행된다. 개정안에 따르면 보험료율은 2033년까지 9%에서 13%로 단계적으로 인상되고, 소득대체율은 현행보다 높은 43%로 조정될 예정이다. 이 개편이 시행되면, 기금 소진 시점은 기존 2055년에서 2071년으로 16년 늦춰질 것으로 전망된다. 그리고 무엇보다 중요한 것은 국가가 연금 지급을 법으로 보장하고 있다는 점이다.

국민연금법 제3조의 2(국가의 책무)에는 이렇게 명시되어 있다.
"국가는 이 법에 따른 연금급여의 안정적이고 지속적인 지급을 보장하여야 하며, 이에 필요한 시책을 수립·시행하여야 한다."

즉, 국민연금은 단순히 쌓인 돈으로만 운영되는 제도가 아니라, 국가의 재정과 책임이 함께 작동하는 '사회보험'이다. 그러니 '고갈'이라는 단어에 휘둘리기보다, '내가 매달 받을 수 있는 연금은 얼마인지, 그 금액을 더 늘리기 위해 지금 무엇을 해야 할지'에 집중하자.

현재 국민연금은 만 63세부터 수령할 수 있다. 다만 1965년생부터는 만 64세, 1969년생 이후 출생자는 만 65세부터 받을 수 있다. 조기 수령을 선택하면 만 60세부터 받을 수 있지만, 매년 6%씩 감액된다. 반대로 수령을 미루면(최대 5년) 매년 7.2%씩 증액되므로 개인의 상황에 따라 전략적으로 조정할 수 있다.

연금 수령액은 가입 기간과 평균 소득에 따라 달라진다. 오래 가입할수록, 그리고 납부액이 많을수록 더 많이 받는다. 내가 지금까지 낸 보험료나 예상 연금액은 '내 곁에 국민연금' 앱이나 '국민연금공단' 홈페이지에서 바로 확인할 수 있다. 실제로 내가 받을 금액이 얼마인지 꼭 확인해보자. 막연한 불안보다 구체적인 숫자를 아는 것이 훨씬 큰 안심이 된다.

물론 국민연금 하나만으로 노후가 완벽히 준비되는 것은 아니다. 현재 국민연금의 소득대체율은 약 40% 내외이며, 개정 이후에도 43% 수준이다. 예를 들어, 일할 때 월 300만 원을 벌었다면, 국민연금으로는 약 120~130만 원 정도를 받게 된다. 이마저도 이상적인 조건에서의 수치이므로 실제 금액은 이보다 낮을 수 있다.

그래서 국민연금만 바라볼 수는 없다. 국민연금은 어디까지나 노후 현금 흐름의 기초이고 그 위에 개인연금, 배당금, 부동산 임대 수익 등의 소득원을 더 얹어야 비로소 든든한 구조가 완성된다.

하지만 이 기초가 없으면 그 위에 아무것도 쌓을 수 없다. 10억짜리 아파트보다 중요한 것은 매달 따박따박 들어오는 현금이고, 그 흐름의 바닥을 받쳐주는 것이 바로 국민연금이다.

이제는 "국민연금에 왜 가입해야 하나?"가 아니라 "나는 국민연금으로 매달 얼마를 받을 수 있을까?", "그 금액을 더 늘리기 위해 지금 무엇을 해야 할까?"로 질문을 바꿔야 한다.

지금의 내가 미래의 나에게 보내는 월급, 그 첫 번째가 바로 국민연금이다.

주택연금
집에서 나오는 두 번째 월급

노후에 집 한 채 있으면 든든하다고들 말하지만, 진짜 든든하려면 그 집이 매달 현금 흐름을 만들어줘야 한다. 주택연금은 주택은 보유하고 있지만 소득이 부족한 노년층을 위해 '한국주택금융공사'가 운영하는 제도다.

내가 살고 있는 집을 담보로 맡기면 평생 거주를 보장받으면서 매달 일정 금액을 연금 형태로 지급받을 수 있다. 살면서 연금을 받고, 사망 후에는 해당 주택을 처분해 정산하는 구조다.

부부 중 한 명이라도 만 55세 이상이고, 부부 합산 공시가격이 12억 원 이하인 주택을 소유하고 있다면 누구나 가입할 수 있다. 예상 연금액은 주택의 공시가격과 가입자의 연령에 따라 달라진다. 현재 주택 소유자 또는 배우자가 55세 이상이라면 한국주

주택연금 월지급금 예시

(단위 : 천 원)

연령	주택가격					
	1억 원	2억 원	3억 원	4억 원	5억 원	6억 원
55세	147	295	443	591	739	887
60세	200	400	600	801	1,001	1,201
65세	242	485	727	970	1,212	1,455
70세	297	595	892	1,190	1,487	1,785
75세	371	742	1,113	1,484	1,855	2,227
80세	474	949	1,424	1,899	2,374	2,849

연령	주택가격					
	7억 원	8억 원	9억 원	10억 원	11억 원	12억 원
55세	1,035	1,183	1,331	1,479	1,627	1,774
60세	1,402	1,602	1,802	2,003	2,203	2,403
65세	1,698	1,940	2,183	2,425	2,668	2,911
70세	2,082	2,380	2,677	2,975	3,272	3,275
75세	2,598	2,969	3,340	3,535	3,535	3,535
80세	3,324	3,799	3,936	3,936	3,936	3,936

출처 : 한국주택금융공사(2025)
일반주택, 종신지급방식(정액형)

택금융공사 홈페이지에서 바로 예상 연금액을 조회할 수 있다.

위의 표는 한국주택금융공사에서 제공하는 '월지급금 예시'다.

공시가격 기준이며, 실제 거래 가격과는 차이가 있을 수 있다. 공시가격은 '부동산공시가격 알리미'에서 확인할 수 있다.

예를 들어, 공시가격 3억 원짜리 주택을 보유한 70세라면 매달 약 89만 2천 원을 평생 받을 수 있다. 나이가 많을수록, 주택 가격이 높을수록 연금액은 올라간다.

예컨대 공시가격 10억 원인 주택을 보유한 80세라면, 월 400만 원에 가까운 금액을 받을 수도 있다. 살다가 연금을 중단하고 담보로 맡긴 집을 되찾고 싶다면 중도해지도 가능하지만, 그동안 받은 연금액과 이자를 모두 상환해야 한다.

주택연금은 집은 있지만 소득이 없는 고령층에게 특히 유용한 제도다. 사실상 '거주만 하고 있는 집'을 현금 흐름 자산으로 전환할 수 있는 대표적인 방법이다.

다만 몇 가지 주의할 점이 있다. 부모가 집을 담보로 맡기면 사망 후 해당 주택을 매각해 지금까지 받은 연금을 정산해야 하므로, 자녀와 상속 갈등이 생길 수 있다. 또한 매년 재산세나 유지비 같은 주거 관련 비용은 그대로 본인 부담이라는 점도 기억해야 한다.

현재 가장 일반적인 방식은 '일반형 주택연금'이다. 대부분 내가 살던 집에 계속 거주하면서, 매달 같은 금액을 평생 지급받는 '정액형'을 선택한다.

이 외에도 상황에 따라 선택할 수 있는 여러 형태의 주택연금이 있다. 우선 '우대형 주택연금'은 기초연금 수급자 중 소득과 재산이 일정 기준 이하인 경우, 일반형보다 최대 20%가량 더 많은 금액을 받을 수 있다. 이미 담보대출이 있다면 '주택담보대출 상환용 주택연금'으로 일부는 대출 상환에 쓰고, 나머지는 연금으로 받을 수 있다.

소상공인의 경우에는 '소상공인대출 상환용 주택연금'을 통해 사업 대출을 상환하면서도 연금을 받을 수 있다. 이때 연금 개시 이후 6개월 이내에 대출 상환 또는 폐업 증빙이 필요하다.

무엇보다 주택연금의 가장 큰 장점은 평생 내 집에서 거주하면서 생활비를 받을 수 있다는 점이다. 실제로 한국주택금융공사 조사에 따르면, 주택연금 가입자의 만족도는 90% 이상으로 나타났다. 결국 주택연금은 집을 팔지 않고, 집으로 월급을 받는 방법이다.

연금저축펀드
세금으로 쌓는 복리의 사다리

연금저축은 은퇴 후 노후 생활을 대비하기 위한 개인연금의 한 형태다. 지금부터 꾸준히 저축하면서 세금 혜택을 받는 동시에, 은퇴 후에는 연금처럼 나눠 받을 수 있는 장기 저축 상품이다.

이 상품의 대표적인 특징은 두 가지다. 첫째, 납입 시 세액공제 혜택을 받을 수 있다. 둘째, 55세 이후 연금 형태로 수령하면 일반 소득세보다 낮은 연금소득세율이 적용된다. 즉, 지금은 절세 효과를 누리고, 은퇴 후에는 안정적인 현금 흐름을 얻을 수 있는 세제 혜택형 노후 대비 상품이다.

실제로 연말정산 시즌이 되면 직장인들 사이에서 가장 많이 언급되는 절세 항목 중 하나가 바로 이 연금저축이다. 총급여가

5,500만 원 이하라면 연간 최대 16.5%까지, 그 초과라면 13.2%까지 세액공제를 받을 수 있다. 연금저축 계좌에 돈을 입금하기만 해도 공제 혜택을 받을 수 있으며, ETF나 펀드를 매수하지 않아도 된다. 즉, 연 13.2~16.5%의 수익률이 보장되는 예금과도 같은 셈이다.

물론 실제 수익은 상품 운용에 따라 달라진다. ETF 등을 매수하지 않으면 계좌에 현금만 그대로 남아 있기 때문이다. 따라서 장기적으로는 세액공제만 받는 데 그치지 말고, 투자 상품을 직접 운용하는 적극적인 관리가 필요하다.

연금저축 단독으로는 연간 600만 원, 퇴직연금(IRP)과 합산하면 최대 900만 원까지 공제가 가능하다. 그래서 나는 연초에 '연금저축펀드 600만 원 먼저 채우기'를 1순위 목표로 세운다.

연금저축 세액공제율

소득 범위	세액공제율
종합소득 4,500만 원 이하	16.5%
종합소득 4,500만 원 초과	13.2%
근로소득 5,500만 원 이하	16.5%
근로소득 5,500만 원 초과	13.2%

출처 : 금융감독원

찰스 슈왑 리서치 센터의 연구에 따르면, 자산을 불린 사람과 그렇지 못한 사람의 차이는 시장 타이밍이 아니라 얼마나 빨리 시작했는가에 달려 있었다. 그래서 나 역시 연금저축펀드 600만 원을 먼저 채우고, 여유 자금은 종잣돈을 마련하기 위한 추가 저축에 활용하고 있다.

연금저축에는 연금저축보험, 연금저축신탁, 그리고 연금저축펀드가 있다. 이 중 내가 가장 추천하는 것은 단연 연금저축펀드다. 수익률과 운용의 자유도 면에서 가장 유리하고, 수수료도 낮기 때문이다. 펀드이기 때문에 원금은 보장되지 않지만, 장기적으로 ETF나 인덱스펀드에 분산 투자할 수 있어 복리 효과를 누릴 수 있다.

또 하나의 장점은 세제 이연 효과다. 일반 펀드는 매매 차익이 발생할 때마다 세금이 부과되지만, 연금저축펀드는 과세 시점이 나중으로 미뤄진다. 즉, 운용 중 수익이 쌓이는 동안 세금을 내지 않아 복리 효과가 더욱 극대화된다.

예를 들어, 일반 펀드와 연금저축펀드가 모두 연 6%의 수익을 올렸다고 해도 10년, 20년이 지나면 그 차이는 크게 벌어진다. 물론 연금 수령 시에는 연금소득세(3.3~5.5%)가 부과된다.

또한 연금으로 인정받으려면 55세 이후, 10년 이상에 걸쳐 수령해야 한다. 중도 해지하거나 일시금으로 인출할 경우에는 기타소득세 16.5%가 부과되므로 반드시 장기적인 관점에서 접근해야 한다.

결국 연금저축은 단순히 세금을 돌려받는 금융상품이 아니다. 노후의 삶을 국가나 회사에만 의존하지 않고 스스로 책임지겠다는 선언이다. 국민연금이 기초를 받쳐주는 '바닥층'이라면, 연금저축펀드는 그 위에 올리는 '튼튼한 사다리'다.

아직 연금저축 계좌가 없다면, 연초가 시작되자마자 이렇게 정해보자. '연금저축펀드 600만 원 먼저 채우기!'

연금저축펀드 vs IRP 비교

구분	연금저축펀드	IRP
가입 대상	모든 사람	근로소득자, 자영업자
주요 목적	노후 대비, 세액공제	퇴직금 수령, 세액공제
연 납입 한도	1,800만 원	1,800만 원
세액공제 한도	600만 원	최대 900만 원 (연금저축 포함 합산)
위험자산 투자 한도	제한 없음	70%까지 투자 가능
특징	고수익 가능성, 자유납	안정적 운용, 정기납 가능

Q 연금저축과 IRP는 모두 세제 혜택을 받을 수 있는 장기 저축 상품이지만, 가입 대상과 납입 한도, 운용 방식에 차이가 있다. 두 계좌는 각각 연 1,800만 원까지 납입할 수 있지만, 세액공제 혜택은 연금저축과 IRP를 합산해 최대 900만 원까지만 적용된다. 예를 들어 연금저축 600만 원 + IRP 300만 원을 납입하거나, IRP에 900만 원 전부를 납입하는 식으로 조정할 수 있다.

물론 이는 〈Part 2. 돈 정리하기〉, 〈Part 3. 돈 절약하기〉, 〈Part 4. 돈 모으기〉에서 다룬 지출 관리와 저축 시스템이 갖춰진 상태를 전제로 한다.

지금은 작아 보이는 이 시작이, 몇 년 뒤 미래의 나에게 매달 월급처럼 돌아오는 자산이 될 것이다.

배당주 투자
내가 쉬는 동안 일하는 돈

배당주는 말 그대로 기업이 벌어들인 이익을 주주에게 나눠주는 것이다. 즉, 주식을 보유하고 있기만 해도 현금이 들어오는 구조를 만들 수 있다. 이 구조를 잘 활용하면 내가 일하지 않는 시간에도 들어오는 또 하나의 수입원을 확보할 수 있다.

노후를 준비할 때는 단순히 '얼마를 모을 것인가'보다 '어떤 방식으로 생활비를 마련할 것인가'를 함께 고민하는 게 중요하다. 예를 들어 배당금으로 월세 일부를 충당하거나, 통신비를 해결하는 식의 구체적인 목표를 세워보는 것이다.

나 역시 처음에는 '휴대폰 요금을 배당금으로 내보자'는 작은 목표로 시작했다. 매달 3만 원 정도면 충분했기에 부담 없이 도전할 수 있었다. 지금은 남편 통신비까지 합쳐 두 사람의 통신비 전액을 배당금으로 충당하고 있다. 다음 목표는 온 가족의 통신비를 배당금으로 해결하는 것이다.

이렇게 작은 목표로 시작한 현금 흐름이 차곡차곡 쌓이면, 언젠가 부동산 월세처럼 매달 일정한 현금이 들어오는 구조를 만들 수 있다. 배당주는 단기 시세 차익을 노리는 투자가 아니라, 돈이 나를 위해 일하게 만드는 시스템이다.

배당주의 가장 큰 장점 중 하나는 예측 가능성이다. 기업이 정기적으로 배당을 지급한다면, 내가 매년 받을 수 있는 금액을 미리 계산할 수 있다.

예를 들어 배당수익률이 5%인 주식을 2,000만 원 보유하고 있다면, 연간 약 100만 원의 배당금을 받게 된다. 이렇게 받을 금액을 어느 정도 예상할 수 있기 때문에 생활비 항목과 연결하기에도 좋다.

주당 천 원의 배당금을 지급하는 주식을 1,000주 보유하고 있다면, 연간 100만 원의 배당금을 받게 된다. 이때 주가가 2만 원이라면 배당수익률은 $(1{,}000 \div 20{,}000) \times 100 = 5\%$다.

배당수익률은 '배당금 $\div$ 주가 $\times$ 100'로 계산하며, 이 수치가 높을수록 같은 금액을 투자했을 때 더 많은 현금이 들어온다는 뜻이다. 결국 투자금이 클수록, 그리고 배당수익률이 높을수록 내가 받는 배당금도 커진다.

아래 표는 투자금과 배당률에 따라 달라지는 세후 월 배당금을 정리한 것이다.

(단위 : 만 원)

배당률 투자금	2%	3%	4%	5%	6%	7%	8%	9%	10%
1,000만 원	1	2	3	4	4	5	6	6	7
3,000만 원	4	6	8	11	13	15	17	19	21
5,000만 원	7	11	14	18	21	25	28	32	35
1억 원	14	21	28	35	42	49	56	63	70
2억 원	28	42	56	70	85	99	113	127	141
3억 원	42	63	85	106	127	148	169	190	212
4억 원	56	85	113	141	169	197	226	254	282
5억 원	70	106	141	176	212	247	282	317	352
10억 원	141	212	282	353	423	494	564	635	705

Q 배당률이 2%만 높아져도 연간 수입 차이는 크게 벌어진다. 예를 들어 1억 원을 투자했을 때 3%와 5%의 차이는 대략 월 14만 원, 연간 168만 원이다.

우리가 목표로 한 월 300만 원의 현금 흐름을 오직 배당주로만 만들고 싶다면, 배당수익률이 5%일 경우 약 9억 원이 필요하다. 반대로 9%의 고배당주라면 약 5억 원이면 가능하다. 단순한 계산이지만, 현실적으로 이 정도의 금융자산을 가진 사람은 많지 않다. 대부분의 자산이 부동산에 묶여 있기 때문이다.

그래서 나는 국민연금, 주택연금, 연금저축펀드 등으로 기본적인 현금 흐름을 먼저 확보한 뒤, 부족한 부분을 배당금으로 보완하는 방식을 추천한다. 여기에 퇴직연금 등의 개인연금이 더해진다면 훨씬 여유롭고 안정적인 구조를 만들 수 있다.

배당주는 시간이 지날수록 복리처럼 쌓인다. 받은 배당금을 다시 투자해 주식 수를 늘려가면 배당금도 함께 커진다. 다만, 배당률이 높다고 해서 무조건 좋은 것은 아니다. 성장성이 낮거나 해마다 배당을 불안정하게 지급하는 기업일 수도 있기 때문이다.

그래서 나는 배당을 꾸준히 지급해온 대형 우량 기업이나, 배당성장 ETF, S&P500 ETF처럼 분산 효과와 안정성이 높은 상품 위주로 모아가고 있다. 특히 미국 시장에 상장된 종목은 배당 이력과 성과를 투명하게 확인할 수 있어, 나처럼 안정형 투자자에게 잘 맞는다.

배당주는 기본적으로 안정적인 자산을 선호하는 투자자에게 잘 맞는다. 이미 성장한 대기업 중심이라 주가 변동이 크지 않고, 정기적인 배당이 주는 심리적 안정감도 크다. 반면, 빠른 수익을 원하는 공격형 투자자에게는 다소 답답하게 느껴질 수 있다. 결국 배당 투자는 '경제적 자유'나 '노후 대비'를 위한 현금 흐름 중심 투자로 접근할 때 가장 현실적인 방법이다.

나 역시 처음엔 내 통신비를 배당금으로 충당하는 것을 목표로 삼았다. 그다음은 부부 통신비, 그리고 가족 전체 통신비로 확장했다. 이후엔 외식비를 시작으로, 전체 생활비까지 넓혀갈 계획이다. 이렇게 구체적인 생활비 항목과 연결된 목표를 세우면 투자가 훨씬 재미있고 지속 가능한 투자 습관이 만들어진다. 작은 금액이라도 내가 만든 자산에서 현금이 나오는 경험은 생각보다 감동이 크고, 오래 기억에 남는다.

우리는 모두 일하지 않고도 돈이 들어오는 삶을 꿈꾼다. 하지만 그런 일은 어느 날 갑자기 이루어지지 않는다. 오늘의 선택과 준비가 조금씩 쌓여 만들어지는 결과다.

국민연금은 국가가 책임지는 최소한의 기초 월급이고, 주택연금은 살고 있는 집을 평생 월급처럼 바꿔주는 제도다. 연금저축펀드는 세금 혜택을 누리며 노후를 준비할 수 있는 나만의 연금통장이고, 배당주는 내가 직접 만들어가는 작은 현금 흐름의 시작이다.

이 네 가지는 '따박따박'이라는 말이 왜 중요한지를 보여주는 대표적인 예시들이다. 조금씩, 하지만 꾸준하게 들어오는 돈의 힘은 생각보다 강력하다. 많은 돈을 한 번에 모으는 것보다, 작은 돈이라도 예측 가능한 현금 흐름을 확보하는 것이 진짜 노후 준비다.

이 네 가지를 하나씩 쌓아가다 보면, 언젠가 일하지 않아도 월급이 들어오는 날이 반드시 온다. 물론 그 월급이 처음부터 많지는 않을 것이다. 처음에는 휴대폰 요금, 그다음에는 부부 통신비, 그리고 언젠가는 생활비의 일부까지 대신해주는 흐름이 만들어진다면, 그것만으로도 이미 성공적인 시작이다.

'경제적 자유'라는 말은 여전히 멀게 느껴질 수 있다. 하지만 지금부터 '경제적 자립'의 시스템을 만들어 간다면, 그것은 충분히 현실적인 목표가 된다.

누구도 대신해주지 않는 노후, 이제는 국가도 자식도 아닌 내가 직접 준비해야 한다. 지금의 선택이 미래의 월급을 만든다.

오늘도 나는 내가 만든 자산에서 생겨나는 작고 확실한 현금 흐름을 조금씩 쌓아 가고 있다. 언젠가 그 흐름이 커져 진짜 '따박따박 월급'처럼 내 삶을 든든히 지켜주기를 기대한다.

잘 살고 싶어서 돈 공부를 시작한 당신에게
오늘부터 1억만 모아봅시다

초판 1쇄 발행 2026년 1월 7일

지은이 이초아
펴낸이 최현준

편집 홍지회, 강서윤
디자인 박영정

펴낸곳 빌리버튼
출판등록 2022년 7월 27일 제 2016-000361호
주소 서울시 마포구 월드컵로 10길 28, 201호
전화 02-338-9271
팩스 02-338-9272
메일 contents@billybutton.co.kr

ISBN 979-11-24075-04-3 (03320)

· 이 책은 저작권법에 따라 보호를 받는 저작물이므로 무단전재와 무단복제를 금합니다.
· 이 책의 내용을 사용하려면 반드시 저작권자와 빌리버튼의 서면 동의를 받아야 합니다.
· 책값은 뒤표지에 있습니다. 파본은 구입하신 서점에서 교환해 드립니다.
· 빌리버튼은 여러분의 소중한 이야기를 기다리고 있습니다.
  아이디어나 원고가 있으시면 언제든지 메일(contents@billybutton.co.kr)로 보내주세요.